Patrick M. Owens

LINGVA LATINA

PER SE ILLVSTRATA

M000032224

PARS 1

GLOSSARIVM

focus an imprint of
Hackett Publishing Company, Inc.
Indianapolis/Cambridge

GLOSSARIVM
© 2013 Patrick M. Owens

Distributed by Hackett Publishing Co. by agreement with Domus Latina.

Previously published by Focus Publishing/R. Pullins Company

Focus an imprint of
Hackett Publishing Company, Inc.
P.O. Box 44937
Indianapolis, Indiana 46244-0937

www.hackettpublishing.com

ISBN-13: 978-1-58510-693-6

25 24 23 22 21 20   6 7 8 9 10

PRAEFATIO

This glossary may at first strike the reader as a strange addition to the *Lingua Latīna per Illūstrāta* (LLPSI) series. The series teaches Latin without translation or any use of a vernacular tongue, a pedagogical technique sometimes call the nature (or natural) method which was championed by Professor Hans Ørberg, the author of the series. Given that LLPSI aims at a direct understanding of Latin without an intermediate language, one might reasonably ask the purpose of this new volume. The *Glōssārium* has been developed in response to demand for an optional companion to the works which students commonly read in their first year of Latin, particularly for students learning outside of a traditional school setting.

2,200-2,300 words make-up roughly 80% of the vocabulary on any given page in a work of Classical Latin. Professor Ørberg judiciously chose the vocabulary introduced in *Familia Rōmāna* to cover 1,820 of the most common words in Latin literature. This sets LLPSI apart from all other popular Latin textbooks, as it includes more vocabulary items than any of its competitors. In fact, this first-year glossary includes 2,435 distinct lemmata. A student, therefore, who has worked through the introductory texts and exercises, may seldom need to refer to a dictionary when reading a work of Classical Latin.

LLPSI has been one of the most successful textbooks for Latin because it can be used by so many different kinds of students. In fact, Professor Ørberg initially developed his text as a correspondence course. When he finished *Familia Rōmāna*, teachers of various age groups discovered that they could employ the book with favorable results. In the United States, *Familia Rōmāna* has become one of the best-selling books among homeschoolers. While the *Glōssārium* is certainly useful for all students using the series, it is especially helpful for independent students and homeschoolers whose teachers may not know Latin and who therefore require an additional aid for mastering vocabulary.

The *Glōssārium* is a convenient presentation of the vocabulary in all the books covered in the first year of the series. Until now a student of LLPSI who wished to consult a definition had to employ one of three vocabulary lists, each one for a separate work (excepting *Fabulae Syrae*, which has no other vocabulary list). The *Glōssārium* not only eliminates this cumbersome layout, which required students to consult different lists for various books in the same series, but also includes other changes in the presentation of the vocabulary which students and teachers have requested through the years.

In his own vocabulary lists, Professor Ørberg normally only included the present infinitive, making it difficult for students to find the appropriate vocabulary item when the perfect tense took another root. In contrast, the new *Glōssārium* includes all the principal parts for all verbs. In addition, the notorious third conjugation *-iō* verbs are herein clearly marked as such with the first person singular indicated as "(-iō)". This, to be sure, is a break in convention with the rest of the LLPSI series, but it is an arrangement instructors and students alike have continually sought. There are relatively few third conjugation -iō verbs, but unless they are marked, an unknowing student would fail to form the correct first or third person in the present tense or any form in the future or imperfect tenses. Another annotation has been added to highly irregular or defective nouns (e.g. *opem, vis, vīs*) demonstrating the form in each case. The editor hopes this will prevent students from rummaging through the index of *Familia Rōmāna* or other grammatical tables in an attempt to find the correct forms. Finally, the definitions have been updated and clarified for contemporary English-speaking students.

This volume makes no pretense of being an exhaustive dictionary of Latin, but it do include all the vocabulary which a first year student in the LLPSI series can be expected encounter, namely those found in the following works: *Familia Rōmāna, Exercitia Latīr Colloquia Persōnārum, Fābellae Latīnae, Fābulae Syrae*. It is our hope that the *Glōssāriu* will facilitate first year study and fill the need for a convenient, single-volume vocabula reference for the series.

Patrick M. Owe

Edi

Grammatical Terms

atin	Abbreviations	English
ātīvus (cāsus)	*abl*	ablative
ūsātīvus (cāsus)	*acc*	accusative
īvum (genus)	*āct*	active
ectīvum (nōmen)	*adi*	adjective
verbium -ī *n*	*adv*	adverb
ellātīvum (nōmen)		appellative
us -ūs *m*		case
nparātiō -ōnis *f*		comparison
nparātīvus (gradus)	*comp*	comparative
iugātiō -ōnis *f*		conjugation
iūnctiō -ōnis *f*	*coni*	conjunction
iūnctīvus (modus)	*coni*	subjunctive
īvus (cāsus)	*dat*	dative
līnātiō -ōnis *f*	*dēcl*	declension
nōnstrātīvum (prōnōmen)		demonstrative
ōnēns verbum	*dēp*	deponent
inīnum (genus)	*f, fēm*	feminine
ūrum (tempus)	*fut*	future
ūrum perfectum (tempus)	*fut perf*	future perfect
etīvus (cāsus)	*gen*	genitive
us (nōminis/verbī)		gender/voice
undium -ī *n*/gerundīvum -ī *n*		gerund/gerundive
perātīvus (modus)	*imp, imper*	imperative
perfectum (tempus praeteritum)	*imperf*	imperfect
ēclīnābile (vocābulum)	*indēcl*	indeclinable
ēfīnītum (prōnōmen)		indefinite
licātīvus (modus)	*ind*	indicative
inītīvus (modus)	*īnf*	infinitive
eriectiō -ōnis *f*		interjection
errogātīvum (prōnōmen)		interrogative
ātīvus (cāsus)	*loc*	locative
sculīnum (genus)	*m, masc*	masculine
dus (verbī)		mode
utrum (genus)	*n, neutr*	neuter
minātīvus (cāsus)	*nōm*	nominative
:ātīvus (modus)		optative
s ōrātiōnis		part of speech
ticipium -ī *n*	*part*	participle
sīvum (genus)	*pass*	passive
fectum (tempus praeteritum)	*perf*	perfect
sōna -ae *f*	*pers*	person
sōnāle (prōnōmen)		personal
rālis (numerus)	*pl, plūr*	plural
squamperfectum (tempus praeteritum)	*plūsqu*	pluperfect
itīvus (gradus)	*pos*	positive
sessīvum (prōnōmen)		possessive

Grammatical Terms (cont.)

Latin	Abbreviations	English
praepositiō -ōnis *f*	*prp, praep*	preposition
praesēns (tempus)	*praes*	present
praeteritum (tempus)	*praet*	preterite, past tense
prōnōmen -inis *n*	*prōn*	pronoun
proprium (nōmen)		proper name
relātīvum (prōnōmen)	*rel*	relative
singulāris (numerus)	*sg, sing*	singular
superlātīvus (gradus)	*sup*	superlative
supīnum		supine
tempus (verbī)		tense
verbum	*vb*	verb
vocātīvus (cāsus)	*voc*	vocative

GLOSSARIVM
First Year of Lingua Latina Per Sē Illūstrāta
By Patrick M. Owens

	v. ab
/ ab / abs	(*prp + abl*) from; since; by; *abs tē* = from/by you
b-dūcere -dūxisse -ductum	to take away, carry off
b-errāre -āvisse -ātum	to wander away, stray
b-esse ā-fuisse ā-fore/ā-futūrum esse	to be absent; to be far from, distant
b-icere (-iō) -iēcisse -iectum	to throw away
b-īre (-eō) -iisse -itum	to go away
blātīvus -a -um	ablative
bs	*v. ab*
bsēns -entis	absent
b-solūtus -a -um	absolute
bs-tinēre -uisse -entum	to abstain, keep off
c / atque	v. atque
c-cēdere -cessi -cessum	to approach, come near
c-cendere -disse -ēnsum	to light, inflame
c-cidere -cidisse	to happen, occur
c-cipere -cēpisse -ceptum	to receive, accept
c-cubāre	to recline (at a table)
c-cumbere -cubuisse -cubitum	to recline (at a table)
c-currere -cucurrisse/-currisse -cursum	to come running
c-cūsāre -āvisse -ātum	to accuse
ccūsātīvus -ī *m*	accusative
cer ācris ācre	keen, active, sharp
cerbus -a -um	sour, bitter
ciēs -ēī *f*	line (of battle)
ctīvus -a -um	active
cus -ūs *m*	needle, pin
cūtus -a -um	sharp
d	(*prp + acc*) to, toward; till; at
d-dere -didisse -ditum	to add
d-dūcere -dūxisse -ductum	to lead to
d-esse (-sum) af-fuisse af-fore/affutūrum esse	to be present; (+ *dat*) to aid
d-hūc *adv*	still
d-icere (-iō) -iēcisse -iectum	to add to
diectīvum -ī *n*	adjective
d-īre (-eō) -iisse -itum	to go to; to address
d-iungere -iūnxisse -iūnctum	to join to, to add
d-iuvāre -iūvisse -iūtum	to assist
d-mīrārī -ātum esse	to admire, to wonder at
d-mīrātiō -ōnis *f*	wonder, admiration
d-mittere -mīsisse -missum	to admit, allow in
d-nectere -xuisse -xum	to tie on, annex
d-ōrāre -āvisse -ātum	to adore, worship
d-sonāre -uisse	(+ *dat*) to sound to, respond to
d-stāre -stitisse	to be near, be present
dulēscēns -entis *m/f*	an adolescent, young man (or woman)
dulēscentulus -ī *m*	a very young man
d-vehere -vēxisse -vectum	to carry to, convey to
dvena -ae *m/f*	foreigner, stranger

ad-venīre -vēnisse -ventum	to come to, to arrive
adverbium -ī *n*	adverb
adversum	(*prp* + *acc*) toward
adversus	(*prp* + *acc*) against
adversus -a -um	contrary, unfavorable
ad-volāre -āvisse -ātum	to fly to
aedificāre -āvisse -ātum	to build
aedificium -ī *n*	building
aeger -gra -grum	sick, ill
aegrotāre	to be sick
aegrōtus -a -um	sick, ill
aequē *adv*	equally
aequinoctium -ī *n*	equinox
aequus -a -um	equal, calm
āēr āeris *m, acc* āera	air
aestās -ātis *f*	summer
aestimāre -āvisse -ātum	to estimate
aestus -ūs *m*	heat
aetās -ātis *f*	age
aeternus -a -um	eternal
aethēr -eris *m*	the upper air, the ether
aevum -ī *n*	age, generation
affectus -ūs *m*	emotion, affect
af-ferre attulisse allātum	to bring (to, forward, about)
af-ficere (-iō) -fēcisse -fectum	to affect, stir
af-firmāre -āvisse -ātum	to affirm
age! agite!	come on! go ahead!
agēns -entis *m*	agent
ager -grī *m*	field
agere ēgisse āctum	to drive, do, make, perform
agitāre	to stir, excite, agitate
agmen -inis *n*	army on the march, file
agnus -ī *m*	lamb
agricola -ae *m*	farmer
ain'?	You don't say?, Are you saying ...?
āiō ais ait āiunt	to say
āla -ae *f*	wing
ālātus -a -um	winged
albus -a -um	white
alere -uisse -tum	to feed
aliēnus -a -um	someone else's; foreign, alien
aliō *adv*	to another place, elsewhere
ali-quandō *adv*	sometime, once
ali-quantum *adv*	some, a good deal
ali-quī -qua -quod	some
ali-quis -quid	someone, something
ali-quot *indēcl*	some, several
aliter *adv*	otherwise, another way
alius -a -ud	another, other; *aliī ... aliī* = some ... other
al-licere (-iō) -lēxisse -lectum	to attract
alter -era -erum	the other (of two), one (of two), second
altum -ī *n*	the *deep blue*, i.e. the open sea
altus -a -um	high, tall, deep
amāns -antis *m/f*	lover
amāre -āvisse -ātum	to love
amārus -a -um	bitter
ambō -ae -ō	both
ambulāre -āvisse -ātum	to walk
ā-mēns -entis	mindless, insane
amīca -ae *f*	girlfriend; a female friend

mīcitia -ae *f*	friendship
mīcus -ī *m*	friend
mīcus -a -um	friendly
-mittere -mīsisse -missum	to lose, to send away
mnis -is *m*	stream, river
moenitās -ātis *f*	pleasantness, delightfulness, loveliness
moenus -a -um	lovely, beautiful (esp. of places and scenery)
mor -ōris *m*	love
-movēre -mōvisse -mōtum	to remove, withdraw
mphitheātrum -ī *n*	an amphitheater, an oval building with successive seating, one row raised above the last
mplus -a -um	large, spacious
n *coni*	or (in polar questions) e.g., *vērum an falsum* = true or false, with no third option; or (in indirect questions)
ncilla -ae *f*	handmaid, female slave
nguis -is *m*	snake
ngustus -a -um	narrow
nhelāre	to exhale, breath
nīlis -e	of or pertaining to an old woman, old-womanish
nima -ae *f*	breath; life; soul
nim-ad-vertere -vertisse -versum	to notice, to attend to
nimal -ālis *n*	animal, living being
nimus -ī *m*	mind, soul
nnus -ī *m*	year
nōmalus -a -um	irregular
nser -eris *m*	goose
nte	(*prp* + *acc*) before, in front of
nteā *adv*	before, formerly
nte-hāc *adv*	formerly
nte-quam *adv*	before
ntīquus -a -um	ancient, old
ntrum -ī *n*	cave, cavern
nulus -ī *m*	ring
nus -ūs *f*	old woman
per aprī *m*	wild boar
perīre -uisse -rtum	to open, disclose
pertus -a -um	open
pis -is *f*	bee
p-pārēre -uisse	to appear
p-pellāre -āvisse -ātum	to name, call, address
ppellātīvus -a -um	appellative
p-pōnere -posuisse -positum	to place (on), serve
p-portāre -āvisse -ātum	to bring (to)
p-prehendere -prehendisse -prehēnsum	to seize
p-propinquāre -āvisse -ātum	(+ *dat*) to approach, draw near
Aprīlis -is *m*	April
pud	(*prp* + *acc*) beside, near, by; *apud Mārcum* = at Marcus' house
aqua -ae *f*	water
aquila -ae *f*	eagle
āra -ae *f*	altar
arānea -ae *f*	spider, cobweb
arāre -āvisse -ātum	to plow
arātor -ōris *m*	plowman
arātrum -ī *n*	plough

arbitrārī -ātum esse	to think, consider, judge
arbor -oris *f*	tree
arca -ae *f*	box
arcessere -īvisse -ītum	to send for, fetch
arcus -ūs *m*	bow
ārdēre -sisse -sum	to burn, blaze
arduus -a -um	steep
argenteus -a -um	made of silver
argentum -ī *n*	silver
ariēs -etis *m*	ram
arma -ōrum *n pl*	arms
armāre -āvisse -ātum	to arm, equip
armātus -a -um	armed
armilla -ae *f*	bracelet, armlet
ar-rīdēre -sisse -sum	to laugh (at)
ars artis *f*	art
artus -a -um	confined, narrow
artus -ūs *m*	*sg.* a joint; *pl.* the limbs
arvum -ī *n*	cultivated land, a field, ploughed land
as assis *m*	as (a Roman copper coin)
a-scendere -scendisse -scēnsum	to climb, go up, mount
asinīnus -a -um	pertaining to an ass/donkey, asinine
asinus -ī *m*	ass, donkey
a-spergere -sisse -sum	to sprinkle, scatter
a-spicere (-iō) -spexisse -spectum	to look (at)
assiduitās -ātis *f*	a constant presence, frequent occurrence or repetition
at *coni*	but, however
āter -tra -trum	black, lustreless-black
atomus -ī *f*	atom, indivisible part
atque *coni*	and, also, too
ātrium -ī *n*	main room, hall
at-tamen	but, however
attat! *interi*	oh! ah! strange! (exclamation of joy, pain, wonder, fright, warning)
attentus -a -um	attentive
audācia -ae *f*	boldness, audacity
audāx -ācis	bold, audacious
audēre ausum esse	to dare, venture
audīre -īvisse/-iisse -ītum	to hear, listen
au-ferre abstulisse ablātum	to carry off, take away
au-fugere -fūgisse	to flee (from), escape, run away
augēre -xisse -ctum	to increase
Augustus -ī *m*	August
aura -ae *f*	breeze
aurātus -a -um	golden, gilded, gilt
aureus -a -um	golden, made of gold
aureus -ī *m*	a gold coin
auricomus -a -um	with golden hair
aurīga -ae *f*	charioteer, driver
auris -is *f*	ear
aurum -ī *n*	gold
aut *coni*	or; *aut ... aut* = either ... or
autem	but, however
autumnus -ī *m*	autumn, fall
auxilia -ōrum *n pl*	auxiliary troops
auxilium -ī *n*	help, assistance
avārus -a -um	greedy, avaricious
āversāre -āvisse -ātum	to shun, reject, avoid

-vertere -tisse -versum	to turn aside, avert
vis -is *f*	bird
vunculus -ī *m*	(maternal) uncle
xis -is *m*	axle of a chariot
āba *interi*	baah (sound of a sheep)
aculum -ī *n*	walking-stick, cane
alāre -āvisse -ātum	to bleat (as a sheep)
alneum -ī *n*	bath, bathroom
arba -ae *f*	beard
arbarus -a -um	foreign, barbarian
arbarus -ī *m*	a barbarian
āsium -ī *n*	a kiss
aubau *interi*	woof-woof, bow-wow
eātus -a -um	happy
ellum -ī *n*	war
ellus -a -um	lovely, pretty
ene *adv*	well
eneficium -ī *n*	benefit, favor
ēstia -ae *f*	beast, animal
ēstiola -ae *f*	small animal, insect
ēta *n indēcl*	the Greek letter *beta*
ibere bibisse	to drink
īnī -ae -a	two (each), two by two
is *adv*	twice
onum -ī *n*	good, benefit, blessing; (*pl.*) goods, possessions
onus -a -um	good
ōs bovis *m/f*	ox
racchium -ī *n*	arm, forearm
revī *adv*	soon, in a short time
revis -e	short, brief
achinnus -ī *m*	an immoderate laugh, guffaw
adere cecidisse cāsus	to fall; to die down (of wind); to fail (of one's spirit)
aecus -a -um	blind
aedere cecīdisse caesum	to beat; to slay; killing, slaughter
aedēs -is *f*	to sculpt in relief
aelāre -āvisse -ātum	to sculpt in relief
aelestēs -ium *m*	to engrave in relief, to carve out
aelestis -e	heavenly
aelum -ī *n*	sky, heaven
aeruleus -a -um	blue, sky-blue
alamus -ī *m*	reed, pen
alathus -ī *m*	a wicker basket
alcāre -āvisse -ātum	to trample on
alceus -ī *m*	shoe
alculus -ī *m*	pebble
ale-facere (-iō) -fēcisse -factum	to heat, make hot
alida -ae *f*	hot water
alidus -a -um	hot
alīgō -inis *f*	fog, mist
allidus -a -um	smart, shrewd
alor -ōris *m*	heat, hot weather
ampus -ī *m*	plain, open field
ancer -crī *m*	crab
andidus -a -um	white, bright; pretty
andor -ōris *m*	the color white, whiteness

canere cecinisse cantum	to sing; to crow (of cocks)
canis -is *m/f*	dog
cantāre -āvisse -ātum	to sing
cantus -ūs *m*	singing, music
cānus -a -um	white, grey (of hair)
capāx -ācis *adi*	spacious, roomy, capacious
capella -ae *f*	young she-goat
caper -prī *m*	goat, he-goat
capere (-iō) cēpisse captum	to take, catch, capture
capillus -ī *m*	hair
capitulum -ī *n*	chapter
capra -ae *f*	she-goat
caput -itis *n*	head
carcer -eris *m*	prison, jail
cardō -inis *m*	hinge, door pivot
carēre -uisse	(+ *abl*) to be without, to lack
carmen -inis *n*	poem, song
carō carnis *f*	flesh, meat
carpere -psisse -ptum	to pick, pluck, gather
cārus -a -um	dear
casa -ae *f*	cottage, hut, cabin
cāseus -ī *m*	cheese
castra -ōrum *n pl*	military camp
cāsus -ūs *m*	case; case (of fortune)
catēna -ae *f*	chain
cauda -ae *f*	tail
causa -ae *f*	cause, reason; *causā* + *gen./meā* = for the sake of
causālis -e	causal
cautus -a -um	cautious
cavēre cāvisse cautum	to beware (of), take care (that/that not/lest)
cēdere cessisse cessum	to go, withdraw
cēlāre -āvisse -ātum	to hide
celer -eris -ere	swift, quick
celeritās -ātis *f*	speed
celsus -a -um	tall, high
cēna -ae *f*	dinner, evening meal
cēnāre -āvisse -ātum	to dine, eat dinner
cēnsēre -uisse cēnsum	to think, believe
centēsimus -a -um	hundredth
centum	a hundred
cēra -ae *f*	wax
cerebrum -ī *n*	brain
cernere crēvisse crētum	to discern, perceive
certāmen -inis *n*	contest, fight
certāre -āvisse -ātum	to contend, fight
certātim *adv*	earnestly, eagerly, as if in a contest
certē *adv*	certainly
certō *adv*	for certain
certus -a -um	certain, sure
cervus -ī *m*	deer
cessāre -āvisse -ātum	to cease, leave off
cēterum *adv*	besides, however
cēterus -a -um	remaining
charta -ae *f*	paper
cibus -ī *m*	food; a meal
cingere cīnxisse cīnctum	to surround, gird
cingulum -ī *n*	belt
cinis -eris *m*	ash

circā	(*prp + acc*) around
circēnsis -e	of the circus
circiter *adv*	about
circum	(*prp + acc*) around
circum-dare -dedisse -datum	to surround
circum-silīre	to jump around, hop about
circum-spicere (-iō) -spexisse -spectum	to look around
circum-stāre -stetisse	to stand around
circus -ī *m*	circle, orbit, circus
cis	(*prp + acc*) on this side of
citerior -ius	nearer
citrā	(*prp + acc*) on this side of
cīvis -is *m/f*	citizen
clāmāre -āvisse -ātum	to shout
clāmor -ōris *m*	shout, shouting
clārus -a -um	bright, clear, loud
classis -is *f*	fleet
claudere -sisse -sum	to close
claudus -a -um	lame
clausus -a -um	closed
clāvis -is *f*	key
clēmēns -entis	mild, lenient
clipeus -ī *m*	round shield
cocles -itis *adi*	blind in one eye
cocus -ī *m*	cook
cōgere coēgisse coāctum	to compel, force
cōgitāre -āvisse -ātum	to ponder, think
cognōmen -inis *n*	family name, epithet, surname
cognōscere -ōvisse -itum	to get to know, recognize
cohors -rtis *f*	cohort
co-īre (-eō) -īvisse/-iisse -itum	to come together, meet
colere -uisse cultum	to cultivate
col-lābī -lāpsum	to fall down suddenly
col-ligere -lēgisse -lēctum	to collect
collis -is *m*	hill
col-loquī -locūtum esse	to talk, converse
colloquium -ī *n*	talk, conversation
collum -ī *n*	neck
colōnus -ī *m*	(tenant-)farmer
color -ōris *m*	color
columna -ae *f*	column
comb-ūrere -ūssisse -ustum	to burn up
comes -itis *m/f*	companion
comitārī -ātum esse	to accompany
com-memorāre -āvisse -ātum	to mention; to call to mind
com-mittere -mīsisse -missum	to commit
com-movēre -mōvisse -mōtum	to affect; to move vigorously
commūnis -e	(+ *dat*) common
com-mūtāre -āvisse -ātum	to change, alter
cōmoedia -ae *f*	comedy
com-parāre -āvisse -ātum	to compare
comparātiō -ōnis *f*	comparison
comparātīvus -ī *m*	comparative
com-plectī -xum esse	to hug, embrace
com-plēre -ēvisse -ētum	to fill up; to complete
com-plūrēs -a	several, many
com-pōnere -posuisse -positum	to put together, arrange
com-prehendere -disse -ēnsum	to sieze, lay hold of, arrest
com-putāre -āvisse - ātum	to calculate, reckon
cōnārī -ātum esse	to try, attempt

(con-)cubitus -ūs *m*	sexual relations
con-currere -rrisse	to assemble together
con-cutere (-cutiō) -cussisse -cussum	to shake violently
condiciō -ōnis *f*	condition, stipulation
cōn-ferre contulisse collātum	to betake (oneself), go
cōn-ficere (-iō) -fēcisse -fectum	to make, accomplish
cōn-fīdere -fīsum esse *perf dēp*	(+ *dat/abl*) to trust
cōn-fitērī -fessum esse	to confess
cōn-fugere (-fugiō) -fūgisse	to flee to
con-gerere -ssisse -stum	to get together
con-iugātiō -ōnis *f*	conjugation
con-iūnctiō -ōnis *f*	conjunction
coniūnctīvus -ī *m*	subjunctive
con-iungere -iūnxisse -iūnctum	to join together, connect
con-iūnx -iugis *m/f*	spouse
cōn-scendere -disse	to board (a ship), to mount (a horse)
cōn-scīscere -īvisse -ītum	to decree; *mortem cōnscīscere* = to commit suicide
cōnsecūtīvus -a -um	consecutive, result
cōn-sequī -secūtum esse	to overtake, to obtain
cōn-sīdere -sēdisse	to sit down
cōnsilium -ī *n*	plan, idea
cōn-sistere -stitisse	to stop
cōn-sōlārī -ātum esse	to comfort, console
cōnsonāns -antis *f*	consonant
cōnspectus -ūs *m*	sight, view
cōn-spicere (-iō) -spexisse -spectum	to catch sight of, view
cōnstāns -antis	steady, firm
cōn-stāre -stitisse	to cost; *cōnstāre ex* = to be made of
cōn-stituere -uisse -ūtum	to fix, to decide
cōn-sulere -uisse -sultum	to consult, seek advise
cōn-sūmere -sūmpsisse -sūmptum	to consume
con-temnere -tēmpsisse -tēmptum	to despise, scorn
contentus -a -um	contented, satisfied
con-tinēre -tinuisse -tentum	to contain; to retain
con-tingere -tigisse -tāctum	to seize; to touch
continuō *adv*	immediately
contrā	(*prp + acc*) against
con-trahere -trāxisse -tractum	to draw together, to wrinkle (the brow)
contrārius -a -um	opposite, contrary
con-turbāre -āvisse -ātum	to mix up, confound
con-venīre	to come together, to meet; (+ *ad / dat*) to fit, be fitting
convīva -ae *m/f*	guest, table companion
convīvium -ī *n*	party
con-vocāre -āvisse -ātum	to call together
co-orīrī -ortum esse	to arise suddenly
cōpia -ae *f*	abundance, lot
cōpiōsus -a -um	copious
cōpulāre -āvisse -ōtum	to join, connect
cōpulātīvus -a -um	copulative
coquere -xisse -ctum	to cook
cor cordis *n*	heart
cōram	(*prp + abl*) in the presence of
corbis -is *f*	basket
cornū -ūs *n*	horn
corōna -ae *f*	crown, garland
corpus -oris *n*	body
cor-rigere -rēxisse -rēctum	to correct

cor-ripere (-ripiō) -uisse -reptum	to snatch up
cortex -icis *m/f*	bark
coruscus -a -um	flashing, gleaming, glittering
corvus -ī *m*	crow
cotīdiānus -a -um	daily, of every day
cotīdiē *adv*	every day
crās *adv*	tomorrow
crassus -a -um	thick, fat
crēdere -didisse -ditum	(+ *dat*) to believe, trust, entrust
cremāre -āvisse -ātum	to burn, consume by fire
crēscere -visse	to grow
crīmen -inis *n*	crime
croceus -a -um	saffron-colored, yellow, golden
cruciāre -āvise -ātum	to torment
cruciātus -ūs *m*	tormenting
crūdēlis -e	cruel
cruentus -a -um	gory
cruor -ōris *m*	gore
crūs -ūris *n*	leg, shin
crux -ucis *f*	cross
cubāre -uisse -itum	to lie down
cubiculum -ī *n*	bedroom
culīna -ae *f*	kitchen
culter -trī *m*	knife
cultus -ūs *m*	reverence, adoration
cultus -a -um	cultivated, tilled
cum	(*prp* + *abl*) with, together with
cum *coni*	when, as; (+ *perf*) as soon as; (+ *coni*) when, since, although
cūnae -ārum *f pl*	cradle
cūnctus -a -um	whole; (*pl*) all
cupere (-iō) -īvisse	to want, desire
cupiditās -ātis *f*	desire
cupīdō -inis *f*	desire, lust
cupidus -a -um	desirous (of), eager (for)
cupressus -ī *f*	cypress-tree
cūr *adv*	why
cūra -ae *f*	care, concern
cūrāre -āvisse -ātum	to care (for), take care (that)
currere cucurrisse	to run
currus -ūs *m*	chariot
cursus -ūs *m*	race, journey, course
cūstōdīre -īvisse -ītum	to guard
dactylus -ī *m*	dactyl, a foot of verse: long-short-short
dare dedisse datum	to give; *vēla d.* = to sail
datīvus -ī *m*	dative
dē	(*prp* + *abl*) down from; about; of
dea -ae *f*	goddess
dēbēre -uisse -itum	to ought to, be obliged; (+ *dat*) to owe
dēbilis -e	weak
decem	ten
December -bris *m*	December
decēre -uisse	(*impers*) to be fitting, to be right, proper
deciēs *adv*	ten-times
decimus -a -um	tenth
dē-cipere -cēpisse -ceptum	to deceive
dē-clīnāre -āvisse -ātum	to decline
dēclīnātiō -ōnis *f*	declension

decus -oris *n*	grace, glory, beauty
de-esse dēfuisse	to be absent, missing; (+ *dat*) to fail
dēfectīvus -a -um	defective
dē-fendere -fendisse -fēnsum	to defend
dē-flectere -xisse -xum	to deflect
dē-icere (-iciō) -iēcisse -iectum	to throw down
dein *adv*	then
de-inde *adv*	then
dē-lābī -lāpsum esse	to fall down
dēlectāre -āvisse -ātum	to please, delight
dēlēre -ēvisse -ētum	to delete, efface
dēliciae -ārum *f pl*	delight, pleasures; sweetheart
dēlīneāre -āvisse -ātum	to sketch out, draw
delphīnus -ī *m*	dolphin
delta *n indēcl*	Greek letter *delta*
dē-lūdere -sisse -sum	to deceive, dupe
dē-mere -mpsisse -mptum	to take away, remove
dē-mittere -mīsisse -missum	to send down
dē-mōnstrāre -āvisse -ātum	to show, demonstrate
dēmōnstrātīvus -a -um	demostrative
dēmum *adv*	at last
dēnārius -ī *m*	denarius (silver coin)
dēnī -ae -a	ten each, ten by ten
dēnique *adv*	finally
dēns dentis *m*	tooth
dēnsus -a -um	frequent; dense
dēnuō *adv*	anew, again
deorsum *adv*	down
dēpōnēns -entis	deponent
dē-pōnere -posuisse -positum	to put down
dē-prehendere/-prēndere -disse -ēnsum	to perceive, discern
dē-rīdēre -rīsisse -rīsum	to laugh at, deride
dē-rigēre -uisse	to direct, steer
dē-scendere -disse	to descend, go down
dē-serere -uisse -rtum	to desert, leave
dēsīderāre -āvisse -ātum	to long for
dēsīderium -ī *n*	longing, desire
dē-silīre -uisse	to jump down
dē-sinere -siisse -situm	to stop, finish, end
dē-sistere -stitisse	to leave off, cease
dē-spērāre -āvisse -ātum	to lose hope, despair (of)
dē-spicere (-iō) -spexisse -spectum	to look down (on), despise
dē-struere -ūxisse -ūctum	to destroy
dē-tergēre -sisse -sum	to wipe off
dē-terrēre -uisse -itum	to deter
dē-trahere -trāxisse -tractum	to pull off
deus -ī *m*	god
dē-vincere -vīcisse -victum	to beat utterly, conquer entirely
dē-vorāre -āvisse -ātum	to swallow up, devour
dexter -tra -trum	right
dext(e)ra -ae *f*	the right hand
dīcere dīxisse dictum	to say, speak; to call; to converse
dictāre -āvisse -ātum	to dictate
dictum -ī *n*	saying, words
diēs -ēī *m/f*	day
dif-ficilis -e	difficult
dif-fugere (-iō)	to flee in different directions, to disperse, scatter
digitus -ī *m*	finger

dignus -a -um	worthy
dī-lacerāre -āvisse -ātum	to tear to pieces
dīlēctus -a -um	beloved, highly esteemed
dīligēns -entis	careful, diligent
dī-ligere -lēxisse -lēctum	to love
dīmidius -a -um	half
dī-mittere -mīsisse -missum	to send away, dismiss
diphthongus -ī f	diphthong
dīrus -a -um	dreadful
dis-cēdere -ssisse -ssum	to go away, depart
discere didicisse	to learn
discipulus -ī m	student
discus -ī m	discus, disk
dis-iūnctīvus -a -um	disjunctive
dis-iungere -iunxisse -iunctum	to separate
dis-pōnere -posuisse -positum	to dispose, order, arrange
dis-similis -e	unlike, dissimilar
dis-suādēre -sisse	(+ dat) to dissuade
diū adv	for a while, for a long time
dīversus -a -um	different, diverse
dīves -itis	rich
dī-videre -vīsisse -vīsum	to divide
dīvīnus -a -um	divine
dīvitiae -ārum f pl	riches
docēre docuisse doctum	to teach
doctus -a -um	learned, skilled
dolēre -uisse	to hurt, feel pain, grieve
dolor -ōris m	pain, grief
domī	at home
domina -ae f	mistress
dominus -ī m	master, lord
domō adv	from home
domum adv	homeward
domus -ūs f, abl -ō, pl acc -ōs, pl gen -uum	house, home
dōnāre -āvisse -ātum	to give as a gift, present with
dōnec adv	as long as
dōnum -ī n	gift
dormīre -īvisse/-iisse -ītum	to sleep
dorsum -ī n	back
dracō -ōnis m	snake
dubitāre -āvisse -ātum	to doubt, hesitate; (+ an/num + coni) to doubt whether; (nōn d. quīn + coni) to be sure
dubitātīvus -a -um	doubtful, of doubt
dubius -a -um	undecided, doubtful
ducentēsimus -a -um	two hundredth
du-centī -ae -a	two hundred
dūcere dūxisse ductum	to lead, guide; to draw (of breath and of lines); uxōrem d. = to marry a woman
dulcis -e	sweet
dum coni	while, as long as, till
dum-modo coni	(+ coni) provided that, if only
dumtaxat adv	only, just
dūmus -ī m	thorn or briar bush
duo -ae -o	two
duo-decim	twelve
duodecimus -a -um	twelfth
duo-dē-quadrāgintā	thirty-eight
duo-dē-quīnquāgintā	forty-eight
duo-dē-trīgintā	twenty-eight

duo-dē-vīgintī	eighteen
dūrus -a -um	hard; harsh
dux ducis *m*	general, chief; leader
ē	v. *ex*
ea, eadem	v. *is, īdem*
ēbrius -a -um	drunk
eburneus -a -um	ivory, made of ivory; white as ivory
ecce *adv*	behold, look, here is
ē-dere -didisse -ditum	to put forth, emit
ē-ducāre -āvisse -ātum	to bring up, rear, educate
ē-dūcere -dūxisse -ductum	to draw out, bring out
ef-ferre ex-tulisse ē-lātum	to raise, bring out
ef-ficere (-iō) -fēcisse -fectum	to effect, make
ef-flāre -āvisse -ātum	to blow, breathe out
ef-fugere -fūgisse	to escape, run away
ef-fundere -fūdisse -fūsum	to pour forth, pour out
ego mē mihi/mī; mē-cum	I, me, myself
ē-gredī (-ior) -gressum esse	to go out
ēgregius -a -um	outstanding, excellent
eia! *interi*	ah ha! indeed!; come on now!
ē-icere (-iō) -iēcisse -iectum	to eject
ē-līdere -sisse -sum	to strike, dash out
ē-ligere -lēgisse -lēctum	to choose
emere ēmisse ēmptum	to buy
ē-mergere -sisse -sum	to emerge
ē-mittere -mīsisse -misum	to send out
ēn *interi*	behold! here is
enim *adv*	for
ēnsis -is *m*	sword
eō *adv*	to that place, there, thither
epigramma -atis *n*	epigram
epistula -ae *f*	letter
eques -itis *m*	horsemen
e-quidem	indeed, for my part
equīnus -a -um	equine, of a horse
equitātus -ūs *m*	cavalry
equus -ī *m*	horse
ergā	(*prp + acc*) toward
ergō *adv*	therefore, so
ē-rigere -rēxisse -rēctum	to erect, raise
ē-ripere (-iō) -ripuisse -reptum	to snatch away, deprive of, wander
errāre -āvisse -ātum	to wander
ē-rubēscere -buisse	to blush
ērumpere -rūpisse -ruptum	to break out
erus -ī *m*	lord, master
esse sum fuisse futūrum esse/fore	to be; to exist
ēsse (edō) ēdisse ēsum	to eat
ē-surīre	to be hungry
et	and; *et...et* = both ... and; also; even
et-enim *adv*	and indeed, for
etiam *coni / adv*	also, even, yet; *etiam atque etiam* = again and again
etiam-nunc *adv*	even now
etiam-sī *adv*	even if
et-sī *adv*	although, even if
euax! *interi*	oh good!
ē-vocāre -āvisse -ātum	to call out, to evoke
ē-volāre -āvisse -ātum	to fly out, take off flying

ē-volvere -visse -lūtum	to unroll
ex/ē	(*prp + abl*) out of, from, of, since
ex-animis -e	lifeless, dead
ex-arāre	to note down, write out
ex-audīre -īvisse -ītum	to hear
ex-cipere (-iō) -cēpisse -ceptum	to catch, accept, receive
ex-citāre -āvisse -ātum	to wake up, arouse, excite
ex-clāmāre -āvisse -ātum	to cry out, exclaim
ex-cōgitāre -āvisse -ātum	to think up, devise
ex-cruciāre -āvisse -ātum	to torment, torture
ex-currere -risse -sum	to run out, rush out
ex-cūsāre -āvisse -ātum	to excuse
exemplum -i *n*	example, model
exercitātiō -ōnis *f*	practice, exercise
exercitium -ī *n*	exercise
exercitus -ūs *m*	army
ex-haurīre -sisse -stum	to drain, empty
exiguus -a-um	small, scanty
ex-īre (-eō) -iisse -itum	to exit, go out
ex-īstimāre -āvisse -ātum	to consider, think
exitus -ūs *m*	end; death
ex-ōrnāre -āvisse -ātum	adorn, decorate
ex-pellere -pulisse -pulsum	to expel
ex-perīrī -rtum esse	to make trial of, experience
ex-plānāre -āvisse -ātum	to explain
ex-plēre -ēvisse -ētum	to fill out
explētīvus -a -um	expletive, epexegetical
ex-pōnere -posuisse -positum	to put out/ashore; expose
ex-pugnāre -āvisse -ātum	to conquer
expugnātiō -ōnis *f*	conquest
ex-spectāre -āvisse -ātum	to wait (for), expect
ex-spīrāre -āvisse -ātum	to breathe out, die
ex-stinguere -īnxisse -īnctum	to extinguish, put out (of fire)
ex-tendere -disse -tēnsum/tentum	to stretch out, extend
ex-tenuāre	to make thin, diminish
extrā	(*prp + acc*) outside
ex-trahere -trāxisse -tractum	to draw out, extract
extrēmus -a -um	extreme, last, uttermost,
ex-uere -uisse -ūtum	to take off, remove
ex-ūrere -ussisse -ustum	to burn up
fābella -ae *f*	short story, fable
faber -brī *m*	workman, smith
fābula -ae *f*	story
fābulārī -ātum esse	to converse, chat
facere (-iō) fēcisse factum	to make, do; *verbum f.* = to speak; *f. ut* + *coni* = to effect
faciēs -ēī *f*	form, appearance; face
facile *adv*	easily
facilis -e	easy
facinus -oris *n*	crime, outrage
factum -ī *n*	deed
fallāx -ācis	deceitful
fallere fefellisse falsum	to deceive
falsus -a -um	false
falx -cis *f*	sickle, scythe
fāma -ae *f*	rumor, fame
famēs -is *f*	hunger, famine
familia -ae *f*	family, household

famulus -ī *m*	slave, servant
fārī	to say, speak
fastīdīre -īvisse -ītum	to disdain, feel aversion for
fatērī fassum esse	to admit, confess
fatīgāre -āvisse -ātum	to make tired, exhaust
fātum -ī *n*	fate
favēre fāvisse fautum	(+ *dat*) to favor
favus -ī *m*	honey-comb
Februārius -ī *m*	February
fēlīcitās -ātis *f*	good fortune, felicity
fēlīx -īcis *adi*	lucky, happy
fēmina -ae *f*	woman
fēminīnus -a -um	feminine
fenestra -ae *f*	window
fēnum -ī *n*	hay
fera -ae *f*	wild beast
ferē *adv*	almost, about
ferōcia -ae *f*	ferocity, fierceness
ferōx -ōcis	wild, bold;
ferre (ferō) tulisse lātum	to bring, carry; to bear, suffer; to produce; *via f.* = to lead
ferreus -a -um	made of iron
ferrum -ī *n*	iron
fertilis -e	fertile, fruitful
ferula -ae *f*	thin or slender branch
ferus -a -um	wild, savage
fessus -a -um	tired
fīdere fīsum esse	to trust, have confidence in
fidēs -eī *f*	trust, confidence; loyalty
fidēs -ium *f pl*	lyre
fidicen -inis *m*	lyre-player
fīdus -a -um	trustly, faithful, loyal
fierī (fīō) factum esse	to become, be made, to happen
fīgere -xisse -xum	to fix, fasten
fīlia -ae *f*	daughter
fīliola -ae *f*	little daughter
fīliolus -ī *m*	little son
fīlius -ī *m*	son
fīlum -ī *n*	thread
fīnālis -e	final
fīnīre -īvisse -ītum	to end, finish
fīnis -is *m*	end; (*pl*) boundries, boarders
flagrāre -āvisse -ātum	to blaze, burn
flāmen -inis *n*	gale, breeze, wind
flamma -ae *f*	flame
flāre -āvisse -ātum	to blow
flātus -ūs *m*	blowing, breeze
flectere -xisse -xum	to bend; to turn
flēre -ēvisse -ētum	to cry
flōs -ōris *m*	flower
flūctus -ūs *m*	surge, flow, wave
fluere flūxisse	to flow
flūmen -inis *n*	river
fluvius -ī *m*	river
foedāre	to make dirty
foedus -a -um	dirty; ugly
folium -ī *n*	leaf
forās *adv*	out through the doors, out of doors, forth
fore	*fut < esse*; v. *esse*

foris -is *f*	door
forīs *adv*	outside
fōrma -ae *f*	form
fōrmōsus -a -um	shapely, beautiful, handsome
forsitan *adv*	maybe, perhaps (+ *conî*)
fortasse	perhaps
forte *adv*	by chance, by accident
fortis -e	strong, brave
fortūna -ae *f*	fortune
forum -ī *n*	market, forum
fossa -ae *f*	ditch, trench
frangere -ēgisse -āctum	to break, crush
frāter -tris *m*	brother, sibling
fremere -uisse -itum	to roar, growl
frēnum -ī *n*	bridle, bit
frequēns -entis	frequent
fretum -ī *n*	strait, narrow sea
frīgēre -xisse	to be cold
frīgidus -a -um	cold
frīgus -oris *n*	cold, coldness
frōns -ontis *f*	forehead, brow
frōns -ondis *f*	foliage
frūgēs -um *f pl*	crops, fruits of the field
fruī fructum esse	(+ *abl*) to enjoy
frūmentum -ī *n*	grain
frūstrā *adv*	in vain
fū *interi*	foh! fie! (denoting aversion)
fuga -ae *f*	flight
fugāre -āvisse -ātum	to put to flight, chase away
fugere (-iō) fūgisse	to flee
fugitīvus -a -um	fugitive
fulgēre -sisse	to shine forth, glitter
fulgur -uris *n*	lightning
fūmus -ī *m*	smoke
fundere fūdisse fūsum	to pour
funditus *adv*	from the very bottom; utterly, totally
fundus -ī *m*	farm, rural estate
fūnis -is *m*	rope
fūnus -eris *n*	burial, funeral
fūr -ris *m*	thief
fūrtum -ī *n*	theft
futūrum -ī *n*	future
futūrus -a -um	future
galea -ae *f*	helmet
gallus -ī *m*	cock, rooster
gamma *n indēcl*	the Greek letter *gamma*
gaudēre gāvīsum esse	to rejoice
gaudium -ī *n*	joy
geminus -a -um	twin
gemitus -ūs	sigh, groan
gemma -ae *f*	jewel
gemmātus -a -um	bejewelled, adorned with a jewel
gena -ae *f*	cheek
genetīvus -ī *m*	genitive
gēns gentis *f*	nation, people, race
genū -ūs *n*	knee
genus -eris *n*	kind, type; gender

gerere gessisse gestum	to wear; to bear; *sē g.* = to behave; *bellum g.* = to wage war
gerundium -ī *n*	gerund
gerundīvum -ī *n*	gerundive
gestāre -āvisse -ātum	to bear, wear
glaciēs -ēī *f*	ice
glaciālis -e	icy, frozen
gladiātor -ōris *m*	gladiator
gladiātōrius -a -um	gladiatorial
gladius -ī *m*	sword
glōria -ae *f*	glory, renown
glōriōsus -a -um	ostentatious, conceited
glōssārium -ī *n*	glossary
gracilis -e	thin
gradus -ūs *m*	step; degree
grammatica -ae *f*	grammar
grammaticus -a -um	grammatical
grānum -ī *n*	grain, seed, small kernel
grātēs *f pl, acc* grātēs, *abl* grātibus	thanks
grātia -ae *f*	kindness, favor; thanks; (+ *gen*) for the sake of
grātus -a -um	pleasing, favorable; thankful
gravidus -a -um	pregnant
gravis -e	heavy; serious
gravitās -ātis *f*	weight
gremium -ī *n*	lap
grex -egis *m*	flock, herd, group
gubernāre -āvisse -ātum	to steer, drive
gubernātor -ōris *m*	helmsman, pilot
gustāre -āvisse -ātum	to taste, to take a little of
gutta -ae *f*	drop
habēnae -ārum *f pl*	reins
habēre -uisse -itum	to have; *sē h.* = to fare; to hold in regard
habitāre -āvisse -ātum	to live, dwell
haedus -ī *m*	kid
haerēre -sisse -sum	to stick, cling
hahae / hahahae *interi*	haha!
harundō -inis *f*	fishing rod
hasta -ae *f*	spear, lance
haud *adv*	not, by no means
haurīre -sisse -stum	to drain, draw
hendeca-syllabus -ī *m*	hendecasyllable, verse consisting of eleven syllables
herba -ae *f*	grass
herbōsus -a -um	grassy
herī	yesterday
heu! *interi*	oh! alas!
heus! *interi*	hey!, hey (you)!
hexameter -trī *m*	hexameter, verse consisting of six feet
hic haec hoc	this
hīc *adv*	here
hicine	this one here?
hiems -mis *f*	winter
hinc	from here, hence
hirsūtus -a -um	hairy
hodiē *adv*	today
holus -eris *n*	vegetable

homō -inis *m*	man, human
honōs -ōris *m*	honor
hōra -ae *f*	hour
horrendus -a -um	terrible, horrible
horrēre -uisse	to stand on end; to shudder, tremble
hortārī -ātum esse	to exhort, encourage
hortātīvus -a -um	hortatory
hortus -ī *m*	garden
hospes -itis *m*	guest; host
hostis -is *m/f*	enemy
hūc *adv*	to here, hither; *h. illūc* = to and fro
hūmānus -a -um	human
humī *adv*	v. *humus*
humilis -e	low, lowly
humus -ī *f*	ground, soil; *humī* = on the ground
iacere (-iō) iēcisse iactum	to throw
iacēre -cuisse	to lie (down)
iactāre -āvisse -ātum	to throw repetedly
iactūra -ae *f*	throwing (away, overboard); loss
iam *adv*	now, already; (+ *nōn*) no longer; (+ *fut*) soon
iambus -ī *m*	iamb, a metrical foot consisting of a short and a long syllable
iānitor -ōris *m*	doorman, porter
iānua -ae *f*	door
Iānuārius -ī *m*	January
ibi *adv*	there
ictus -ūs *m*	blow, strike
īdem eadem idem	same
id-eō *adv*	for that reason, therefore
idōneus -a -um	fit, suitable
īdūs -uum *f pl*	Ides, 15th day of March, May, July, October, 13th day of the other months
iecur -oris *n*	liver
igitur *adv*	therefore
ignārus -a -um	ignorant
igneus -a -um	fiery
ignis -is *m*	fire
ignōrāre -āvisse -ātum	to be ignorant of, to not know
ignōscere -ōvisse	(+ *dat*) to pardon, excuse
ignōtus -a -um	unknown
ille -a -ud	that, this
illīc *adv*	to that place, thither
il-līmis -e	pure, clear
illinc *adv*	from that place, thence
illūc *adv*	to that place, thither
il-lūstrāre -āvisse -ātum	to illuminate
imāgō -inis *f*	picture, image
imber -bris *m*	rain, shower
imitārī -ātum esse	to imitate
im-mātūrus -a -um	unripe, immature
immedicābilis -e	incurable
im-minēre	to overhang; to threaten
im-mītis -e	harsh, sour
im-mittere -mīsisse -missum	to send (in)
immō *adv*	no, rather, on the contrary
im-mōtus -a -um	unmoved
im-pār -aris	unequal
im-patiēns -entis	impatient

impedīre -īvisse/-iisse -ītum	to impede, hinder
im-pendēre	(+ *dat*) to threaten; to hang over;
imperāre -āvisse -ātum	to order; (+ *dat*) to have dominion over
imperātīvus -ī *m*	imperative
imperātor -ōris *m*	commander
imperātum -ī *n*	command, order
imperfectum -ī *n*	imperfect tense
im-perfectus -a -um	imperfect
imperium -ī *n*	empire; command, order
impersōnālis -e	impersonal
impes -petis *m*	violence, force
impetrāre -āvisse -ātum	to get, to obtain by request
impetus -ūs *m*	attack, assault
im-piger -gra -grum	active, energetic
im-pius -a -um	irreverent, wicked
im-plēre -ēvisse -ētum	to fill up
im-plicāre -āvisse/-uisse -ātum/-itum	to entangle
impluvium -ī *n*	interior basin for receiving rain-water from the roof
im-pōnere -posuisse -positum	to place, put in / on
im-primere -pressisse -pressum	to press into
im-probus -a -um	bad, wicked
im-prūdēns -entis	ignorant, foolish
impūnē *adv*	with impunity, scot-free
īmus -a -um	lowest
in	*prp* (+ *abl*) in, on, at; (+ *acc*) into; against
in-cendere -cendisse -cēnsum	to set fire
incendium -ī *n*	conflagration, fire
in-certus -a -um	uncertain
in-cipere (-iō) coepisse coeptum	to begin
in-clūdere -clūsisse -clūsum	to confine, enclose
incola -ae *m/f*	inhabitant
in-colere -uisse -cultum	to inhabit
incolumis -e	safe, uninjured
in-conditus -a -um	unpolished, rough
in-cubāre -uisse -itum	to lie on; to brood over
inde *adv*	thence, thence-forwards, from that time on
in-dēclīnābilis -e	indeclinable
indēfinītus -a -um	indefinite
index -icis *m*	list, catalogue
indicātīvus -ī *m*	indicative
in-dignus -a -um	unworthy, shameful
in-doctus -a -um	ignorant
in-dūcere -dūxisse -ductum	to lead in; *colōrēs d.* = to color, paint
induere -uisse -ūtum	to put on, to dress
industrius -a -um	diligent, industrious
in-ermis -e	unarmed
in-esse -fuisse	to be (in)
in-exspectātus -a -um	unexpected
īnfāns -antis *m/f*	infant
īn-fēlīx -īcis	unlucky, unfortunate
īnferior -ius	lower, inferior
īnferus -a -um	lower
Īnferī -orum *m pl*	underworld
īnfēstāre -āvisse -ātum	to attack, trouble
īn-fēstus -a -um	hostile, dangerous
īn-fīdus -a -um	faithless, treacherous
īnfimus -a -um	lowest, worst
īnfīnītīvus -ī *m*	infinitive

īn-firmus -a -um	weak
in-flectere -flexisse -flexum	to inflect, decline
īn-fluere -flūxisse -fluxum	to flow into
īnfrā	(*prp* + *acc*) below
in-gemere -uisse	to groan (over)
in-gemināre -āvisse -ātum	to redouble
ingenium -ī *n*	nature, character
ingēns -entis	huge, vast
in-gredī (-ior) -gressum esse	to enter
inhibēre	to restrain, curb
in-hūmānus -a -um	inhumane
in-icere (-iō) -iēcisse -iectum	to throw in
in-imīcus -a -um	unfriendly
in-imīcus -ī *m*	(personal) enemy
initium -ī *n*	beginning
in-iūria -ae *f*	injustice, wrong
in-iūstus -a -um	unjust, fair
inopia -ae *f*	lack, scarcity
inquit (inquam)	he says / said
īnsānia -ae *f*	madness, folly
īn-scrībere -psisse -ptum	to write on, inscribe
īnscrīptiō -ōnis *f*	inscription
īn-sequī -secūtum esse	to follow closely, pursue
īn-serere -uisse -tum	to insert
in-sidēre	to sit
īnsidiae -ārum *f*	ambush
īn-spicere (-iō) -spexisse -spectum	to look into / at, inspect
īn-struere -ūxisse -ūctum	to build, construct
īnstrūmentum -ī *n*	equipment, tool
īnsula -ae *f*	island
integer -gra -grum	undamaged, intact; whole
intellēctus -ūs *m*	understanding, comprehension
intel-legere -ēxisse -ēctum	to understand
inter	(*prp* + *acc*) between, among; *inter pugnam*/ *cēnam* = in, at
inter-diū *adv*	by day
inter-dum *adv*	sometimes, now and then
intereā *adv*	meanwhile
inter-esse -fuisse	to be between; (+ *dat.*) to to be present, participate
inter-ficere (-iō) -fēcisse -fectum	to kill
interiectiō -ōnis *f*	interjection
interim *adv*	meanwhile
interior -ius	more inward
internus -a -um	inward, internal
inter-pellāre -āvisse -ātum	to interrupt
inter-rogāre -āvisse -ātum	to ask, question
interrogātīvus -a -um	interrogative
intimus -a -um	(*sup*) v. *intrā*
intrā	(*prp* + *acc*) inside, within
intrāre -āvisse -ātum	to enter
in-tremere -uisse	to tremble
in-tuērī -tuitum esse	to look at, watch
intus *adv*	inside
in-validus -a -um	infirm, weak
in-vehere -vēxisse -vectum	to import
in-venīre -vēnisse -ventum	to find
inversus -a -um	inverse
in-vidēre -vīdisse -vīsum	(+ *dat*) to envy, grudge

invidia -ae *f*	envy
invidus -a -um	envious
in-vītāre -āvisse -ātum	to invite
invītus -a -um	against one's will, reluctant
in-vocāre -āvisse -ātum	to call upon, invoke
iocōsus -a -um	humorous, funny
ipse -a -um	himself, herself, itself
īra -ae *f*	anger
īrātus -a -um	angry
īre -īvisse/-iisse -itum	to go
irreālis -e	unreal, contrafactual
in-/ir-rīdēre -sisse -sum	to laugh at, mock
is ea id	he, she, it, that
iste -a -ud	this, that (of yours)
ita *adv*	so, in such a way
ita-que *adv*	therefore
item *adv*	likewise, also
iter itineris *n*	trip, journey; (of soldiers) march
iterātīvus -a -um	iterative, repetitive
iterum *adv*	again
iuba -ae *f*	mane of a horse
iubēre iussisse iussum	to order, tell
iūcundus -a -um	pleasant, delightful
iugum -ī *n*	yoke
Iūlius -ī *m*	July / Julius
iungere iūnxisse iūnctum	to join, combine
Iūnius -ī *m*	June
iūre *adv*	justly, rightly
iūs iūris *n*	right, justice
iūstus -a -um	just, fair
iuvāre iūvisse iūtum	to help, delight
iuvenālis -e	youthful, young
iuvenis -is *m*	young man
iūxtā	(*prp + acc*) next to, beside
kal.	v. *kalendae*
kalendae -ārum *f pl*	the 1st of the month
kalendārium -ī *n*	calendar
lābī lāpsum esse	to slip, drop, fall
labor -ōris *m*	work, toil
labōrāre -āvisse -ātum	to toil, work, take trouble
labrum -ī *n*	lip
labyrinthus -ī *m*	labyrinth
lac lactis *n*	milk
lacertus -ī *m*	(upper) arm
lacrima -ae *f*	tear
lacrimāre -āvisse -ātum	to shed tears, weep
lacrimōsus -a -um	tearful
lacus -ūs *m*	lake
laedere -sisse -sum	to injure, hurt
laetārī -ātum esse	to rejoice, be glad
laetitia -ae *f*	joy
laetus -a -um	glad, happy
laevus -a -um	left
lalla *interi*	lalla (sounds of singing)
lāna -ae *f*	wool
lapis -idis *m*	rock, stone
laqueus -ī *m*	noose, snare
largīrī -ītum esse	to give generously

largus -a -um	generous
latēre -tuisse	to be hidden, hide
latibulum -ī *n*	hiding-place, den
Latīnus -a -um	Latin
lātrāre -āvisse -ātum	to bark
lātrātus -ūs *m*	barking
latus -eris *n*	side, flank
lātus -a -um	broad, wide
laudāre -āvisse -ātum	to praise
laurus -ī *f*	bay-tree, laurel
laus laudis *f*	praise
lavāre lāvisse lautum	to wash
lectīca -ae *f*	litter, sedan
lēctiō -ōnis *f*	reading; lesson
lectulus -ī *m*	(little) bed
lectus -ī *m*	bed
lēgātus -ī *m*	envoy, delegate
legere lēgisse lēctum	to read
legiō -ōnis *f*	legion
legiōnārius -a -um	legionary
leō -ōnis *m*	lion
levāre -āvisse -ātum	to lift, raise
levis -e	light, slight
lēx lēgis *f*	law
libellus -ī *m*	little book
libēns -entis	willing, cheerful
libenter *adv*	with pleasure, gladly
liber -brī *m*	book
līber -era -erum	free
līberāre -āvisse -ātum	to free, set free
libēre -uisse/-itum esse	(*impers* + *dat*) it pleases, is agreeable; *libet mihi* = I feel like, want
līberī -ōrum *m*	children
lībertās -ātis *f*	freedom, liberty
lībertīnus -ī *m*	freedman
licēre -uisse/-itum esse	(*impers* + *dat*) it is allowed, one may
ligneus -a -um	wooden, made of wood
lignum -ī *n*	wood
līlium -ī *n*	lily
līmen -inis *n*	threshold
līnea -ae *f*	string, line
lingua -ae *f*	tongue, language
liquidus -a -um	liquid, fluid
littera -ae *f*	letter (of the alphabet); (*pl*) letter (of mail)
lītus -oris *n*	beach, shore
loca -ōrum *n*	v. *locus*
locātīvus -ī *m*	locative
locus -ī *m*	place; *loca -ōrum n* = places in the world; a region; *locī -ōrum m* = a place in a book
longē *adv*	far, by far
longinquus -a -um	far off, distant
longus -a -um	long
loquī locūtum esse	to speak
lōra -ōrum *n pl*	rawhide whip, thong
lūcēre lūxisse	to shine
lucerna -ae *f*	lamp
lucrum -ī *n*	profit, gain
luctārī -ātum esse	to wrestle
lūcus -ī *m*	grove

lūdere -sisse	to play
lūdus -ī *m*	play, game, school
lūgēre lūxisse	to mourn
lūmen -inis *n*	light
lūna -ae *f*	moon
lupus -ī *m*	wolf
lūx lūcis *f*	light, daylight
lympha -ae *f*	water
lyra -ae *f*	lyre
macula -ae *f*	spot, stain
maerēre -uisse -itum	to be sad, grieve
maestus -a -um	sad, melancholy
magis *adv*	more
magister -trī *m*	teacher, schoolmaster
magnificus -a -um	magnificent, splendid
magnus -a -um	big, large, great
māior -ius	(*comp*) v. *magnus*
Māius -ī *m*	May
male *adv*	badly, ill
maleficium -ī *n*	evil deed, crime
mālle (mālō) māluisse	to prefer
malum -ī *n*	evil, trouble, harm
mālum -ī *n*	apple
malus -a -um	bad, wicked, evil
mālus -ī *m*	mast, pole
mamma -ae *f*	breast; mom, mamma
māne *n indēcl* / *adv*	(in the) morning
manēre mānsisse	to remain, stay
manus -ūs *f*	hand
mare -is *n*	sea
margarīta -ae *f*	pearl
margō -inis *f*	margin, edge, rim
marīnus -a -um	marine, of the sea
maritimus -a -um	maritime, sea-
marītus -ī *m*	husband
marmor -oris *n*	marble
Mārtius -ī *m*	March
masculīnum -ī *n*	masculine gender
masculīnus -a -um	masculine
masculus -ī *m*	male
māter -tris *f*	mother
māteria -ae *f*	material, substance
mātrimōnium -ī *n*	marriage, matrimony
mātrōna -ae *f*	married woman
mātūrus -a -um	ripe, mature
māximē	most, especially
māximus -a -um	(*sup*) v. *magnus*
mē	v. *ego*
mēcum	v. *ego*
medicus -ī *m*	doctor
medium -ī *n*	middle, center
medius -a -um	middle
medullitus	thoroughly, from the marrow
mel mellis *n*	honey
melior -ius	(*comp*) v. *bonus*
mellītus -a -um	sweet, honey-sweet
membrum -ī *n*	limb
meminisse *perf*	(+ *gen* / *acc*) to remember, recollect
memorāre -āvisse -ātum	to mention, remind of

memoria -ae *f*	memory
mendum -ī *n*	mistake, error
mēns mentis *f*	mind
mēnsa -ae *f*	table; *m. secunda* = dessert
mēnsis -is *m*	month
mentīrī -tītum esse	to lie
mercātor -ōris *m*	merchant
mercātōrius -a -um	mercantile, merchant-
mercēs -ēdis *f*	wage, fee, rent
merēre -uisse -itum	to earn, deserve
mergere -sisse -sum	to dip, plunge, sink
merī-diēs -ēī *m*	midday, noon; south
merum -ī *n*	pure unmixed wine
merus -a -um	pure, unmixed
merx -rcis *f*	commodity, *pl* goods
mēta -ae *f*	goal-line, turning post (of a race-track)
metallum -ī *n*	metal
metere	to reap, harvest
metuere -uisse	to fear
metus -ūs *m*	fear
meus -a -um	my, mine
mihi/mī	v. *ego*
mīles -itis *m*	soldier
mīlia -ium *n*	v. *mīlle*
mīlitāre -āvisse -ātum	to serve as a soldier
mīlitāris -e	military
mīlle	thousand; *mīlia (pl + gen pl)*
mīllēsimus -a -um	a thousandth
minae -ārum *f pl*	threats
minārī -ātum esse	(+ *dat*) to threaten
minimē *adv*	by no means, not at all
minimus -a -um	(*sup*) v. *parvus*
minister -trī *m*	servant
minor -us	(*comp*) v. *parvus*
minuere -uisse -ūtum	to diminish, reduce
minus *adv*	less
minus -ōris *n*	less
mīrābilis -e	marvelous, wonderful
mīrārī -ātum esse	to wonder (at), be surprised
mīrus -a -um	surprising, strange
miscēre miscuisse mixtum	to mix
misellus -a -um	poor, wretched
miser -era -erum	unhappy, miserable
miserēre -uisse -itum	(*impers + gen*) *mē miseret* = I pity
mitra -ae *f*	turban
mittere mīsisse missum	to send, throw; let out
modo	ony, just; *modo ... modo* = now ... now
modus -ī *m*	way, manner; mood ; *nūllō modō* = by no means
moenia -ium *n pl*	town walls
mōlēs -is *f*	huge, heavy mass; lump
molestus -a -um	troublesome
mollīre -īvisse/-iisse -ītum	to make soft, soften
mollis -e	soft
monēre -uisse -itum	to remind, advise, warn
mōns montis *m*	mountain
mōnstrāre -āvisse -ātum	to point out, show
mōnstrum -ī *n*	monster
mora -ae *f*	delay

23

morbus -ī *m*	a disease
mordēre momordisse morsum	to bite
morī mortuum esse	to die
mors -rtis *f*	death
morsus -ūs *m*	bite
mortālis -e	mortal; (*m pl*) men, humans
mortuus -a -um	dead
mōs mōris *m*	custom, usage
movēre mōvisse mōtum	to move
mox *adv*	soon
mūgīre -īvisse/-iisse -ītum	to bellow
mulier -eris *f*	woman
multī -ae -a	many, a great many
multitūdō -inis *f*	large number, multitude
multō *adv*	+ *comp*: much, by far
multum *adv*	much, a lot
multum -ī *n*	much, a lot
mundus -ī *m*	world, universe
mundus -a -um	clean, neat
mūnīre -īvisse/-iisse -ītum	to fortify
mūnus -eris *n*	gift
mūrus -ī *m*	wall
Mūsa -ae *f*	Muse
musca -ae *f*	fly
mūtāre -āvisse -ātum	to change
mūtus -a -um	mute, dumb
mūtuus -a -um	on loan; *m. dare* = to lend; *m. sūmere* = to borrow
nam *adv*	for
-nam	(In questions, emphatically, expressing wonder) -ever?
namque *adv*	certainly, for
nāre -āvisse	to swim
nārrāre -āvisse -ātum	to tell
nārrātiō -ōnis *f*	narrative, story
nārrātīvus -a -um	narrative
nāscī nātum esse	to be born
nāsus -ī *m*	nose
natāre -āvisse -ātum	to swim
nātūra -ae *f*	nature
nātus -a -um	born
nātus -ī *m*	son
nauta -ae *f*	sailor
nāvicula -ae *f*	little ship, boat
nāvigāre -āvisse -ātum	to sail
nāvigātiō -ōnis *f*	sailing, sea-voyage
nāvis -is *f*	boat
-ne	(interrogative particle not implying anything about the answer expected) *vidēsne* = do you see?; (in indirect questions) whether
nē	not; that not; in order that not; lest; *nē... quidem* = not... even
nebula -ae *f*	mist, fog, cloud
nec	v. *neque*
necāre -āvisse -ātum	to kill
necessārius -a -um	necessary
necesse esse	(+ *inf*) it is necessary

negāre -āvisse -ātum	to deny
neglegēns -entis	heedless, neglectful
neglegere -ēxisse -ēctum	to neglect, overlook
negōtium -ī *n*	business, work
nēmō -inem -inī	no one, nobody
nemus -oris *n*	wood, forest
nepōs -ōtis *m/f*	grandson, granddaughter
nēquam *adi indēcl*	worthless, bad
ne-que/nec	neither, nor
ne-scīre -īvisse/-iisse -ītum	to not know
neu	v. *nēve*
neuter -tra -trum	neither of two
neutrum -ī *n*	neuter gender
nē-ve/neu	and not, nor, and that not; *nēve ... nēve* = neither ... nor
nex necis *f*	violent death, murder
nīdus -ī *m*	nest
niger -gra -grum	black
nihil/nīl	nothing; (+ *gen*) none of
nimis	too much, exceedingly
nimium	too much, too, very much
nimius -a -um	excessive, too great
nisi	if not, unless
nītī nīsum esse	to exert oneself
nitidus -a -um	shining, glittering, bright
niveus -a -um	snowy, snow-white
nix nivis *f*	snow
nōbilis -e	famous, celebrated, noble
nōbīs	v. *nōs*
nocēre -uisse	to harm
noctū *adv*	at night
nōdus -ī *m*	knot
nōlī -īte	(+ *inf*) do not ...!
nōlle (nōlō) nōluisse	to refuse, not want
nōmen -inis *n*	name; noun
nōmināre -āvisse -ātum	to name
nōminātīvus -ī *m*	nominative case
nōn	no, not
nōnae -ārum *f*	Nones, the fifth day or seventh day of the month
nōnāgēsimus -a -um	ninetieth
nōnāgintā	ninety
nōn-dum *adv*	not yet
nōn-gentī -ae -a	nine-hundred
nōn-ne	is it not the case that...?
nōn-nūllī -ae -a	some
nōn-numquam *adv*	sometimes
nōnus -a -um	ninth
nōs nōbīs nōbīscum	we, us; *nōbīscum* = with us
nōscere nōvisse	to get to know; (*perf*) to know
noster -tra -trum	our
nostrum	(*gen*) of us
nota -ae *f*	mark, sign
notāre -āvisse -ātum	to observe, take note
nōtus -a -um	known
novem	nine
November -bris *m*	November
noverca -ae *f*	stepmother
nōvisse	v. *nōscere*

novus -a -um	new
nox noctis *f*	night
nūbere -psisse -ptum	(+ *dat*) to marry (said only of the bride)
nūbēs -is *f*	cloud
nūbilus -a -um	cloudy
nūdus -a -um	nude
nūgae -ārum *f*	trifles, nonsense
nūllus -a -um	not any, no
num	(in direct questions when the answer 'no' is expected); whether (in indirect questions)
nūmen -inis *n*	god, deity
numerālis -e	numeral
numerāre -āvisse -ātum	to count
numerōsus -a -um	numerous
numerus -ī *m*	number
nummus -ī *m*	coin
numquam *adv*	never
nunc *adv*	now
nūntia -ae *f*	female messenger
nūntiāre -āvisse -ātum	to announce, relate
nūntius -ī *m*	messenger
nūper *adv*	recently
nūptiae -ārum *f*	wedding
nūtrīx -īcis *f*	wet-nurse, nurse
nux nucis *f*	nut
ō *interi*	oh!
ob	(*prp* + *acc*) for, by reason of
ob-dormīre -īvisse -ītum	to fall asleep
oblīvīscī -lītum esse	(+ *gen/acc*) to forget
ob-oedīre -īvisse -ītum	(+ *dat*) to obey
ob-orīrī -ortum esse	to arise suddenly, appear
obscūrus -a -um	dark, shady
ob-stāre -stitisse	to stand in the way of, withstand
occāsus -ūs *m*	sun-setting; west
occidēns -entis *m*	west
oc-cidere -cidisse	to set
oc-cīdere -disse -sum	to kill
occiduus -a -um	western
occultāre -āvisse -ātum	to keep hidden, conceal
occultē	in secret, secretly
occultus -a -um	hidden, concealed
occupāre -āvisse -ātum	to occupy
oc-currere -risse	(+ *dat*) to run towards
ōceanus -ī *m*	ocean
ocellus -ī *m*	(little) eye, darling
octāvus -a -um	eighth
octingentī -ae -a	eight-hundred
octō	eight
Octōber -bris *m*	October
octōgēsimus -a -um	eightieth
octōgintā	eighty
oculus -ī *m*	eye
odiōsus -a -um	hateful
ōdisse	to hate
odium -ī *n*	hate
of-ferre obtulisse oblātum	to offer, bring forward
officīna -ae *f*	workshop
officium -ī *n*	responsibility, office

olea -ae *f*	olive oil
ōlim *adv*	formerly, in times past
olīva -ae *f*	olives
olor -ōris *m*	swan
omnis -e	all, every
opem *f acc*, -is *gen*, -e *abl*	help, assistance
opera -ae *f*	work, endeavour
operculum -ī *n*	lid, covering, top
operīre -uisse -rtum	to cover over, shut
opēs -um *f*	riches
oportēre -uisse	(*impers*) it is necessary, proper
op-perīrī -rtum esse	to wait (for), await
oppidum -ī *n*	town
op-primere -pressisse -pressum	to overpower, suppress
op-pugnāre -āvisse -ātum	to attack
optāre -āvisse -ātum	to wish
optātīvus -a -um	optative
optimus -a -um	(*sup*) v. *bonus*
opus -eris *n*	work, effort
opus esse	need, necessity, *opus est* = it is needful; *opus est mihi* (+ *abl*) = I have need of
ōra -ae *f*	border, edge
ōrāre -āvisse -ātum	to plead, pray, beseech
ōrātiō -ōnis *f*	speech
ōrātōrius -a -um	oratorical
orbis -is *m*	circle; *orbis terrārum* = the world
ōrdināre -āvisse -ātum	to set in order, arrange
ōrdō -inis *m*	order
oriēns -entis *m*	east
orīrī ortum esse	to rise
ōrnāmentum -ī *n*	ornament, decoration
ōrnāre -āvisse -ātum	to adorn
ortus -ūs *m*	rising, sunrise
os ossis *n*	bone
ōs ōris *n*	mouth
ōscitāre	to gape, yawn
ōsculārī -ātum esse	to kiss
os-tendere -disse -tum	to show
ōstiārius -ī *m*	doorkeeper, porter
ōstium -ī *n*	door; mouth (of a river)
ōtiōsus -a -um	leisured, idle
ōtium -ī *n*	leisure
ovis -is *f*	sheep
ōvum -ī *n*	egg
pābulum -ī *n*	fodder
paene *adv*	nearly, almost
paen-īnsula -ae *f*	peninsula
paenitēre -uisse	(*impers* + *gen*) *alicuius mē paenitet* = I'm sorry for something
pāgina -ae *f*	page
palaestra -ae *f*	wrestling-place
pallēre -uisse	to be pale
pallēscere -luisse	to grow pale
pallidus -a -um	pale
pallium -ī *n*	cloak, mantle
pallor -ōris *m*	paleness
palma -ae *f*	palm
palpitāre -āvisse -ātum	to beat, throb

palūs -ūdis *f*	swamp, marsh
pānis -is *m*	bread
papae! *interi*	how strange! Oh my!
papȳrus -ī *f*	papyrus
pār paris *adi*	equal
parāre -āvisse -ātum	to make ready, prepare
parātus -a -um	ready
parcere pepercisse	(+ *dat*) to spare
parentēs -um *m pl*	parents
parere (-iō) peperisse partum	to give birth to, lay
pārēre -uisse	to obey
parricīda -ae *m*	parricide
pars -rtis *f*	part; direction
partātīvus -a -um	partitive
participium -ī *n*	participle
particula -ae *f*	particle
partīrī -ītum esse	to share, divide
partitiō -ōnis *f*	rhetorical division into parts or heads, a partition
parum *indecl n* / *adv*	too little, not quite
parvulus -a -um	little, tiny
parvum -ī *n*	small or insufficient amount
parvus -a -um	little, small
pāscere pāvisse pāstum	to pasture, feed, feast
passer -eris *m*	sparrow
passīvus -a -um	passive
passus -ūs *m*	pace (1.48 m/4.85 ft)
pāstor -ōris *m*	shepherd
pater -tris *m*	father; (*pl*) senators
patēre -uisse	to be open; to be accessible
paternus -a -um	paternal
patī passum esse	to suffer
patiēns -entis	patient
patientia -ae *f*	patience
patria -ae *f*	fatherland, native country
patrius -a -um	paternal; of one's native land
paucī -ae -a	few
paulātim *adv*	little by little, gradually
paulisper *adv*	for a little while
paulō *adv*	by a little; somewhat
paulum	a little; (+ *gen*) some
pauper -eris	poor
pāvō -ōnis *m*	peacock
pāx pācis *f*	peace
pectus -oris *n*	chest
pecūlium -ī *n*	slave's salary
pecūnia -ae *f*	money
pecūniōsus -a -um	rich
pecus -oris *n*	cattle; herd, flock
pedes -itis *m*	foot-soldier; pedestrian; (*pl*) infantry
pēior -ius	(*comp*) v. *malus*
pellere pepulisse pulsum	to push; drive out, banish
pel-licere -lēxisse -lectum	to attract, seduce
pendēre pependisse	to hang
penitus *adv*	deep, deeply
penna -ae *f*	feather
pēnsum -ī *n*	assignment of work
penta-meter -trī	pentameter, verse consisting of five feet
per	(*prp* + *acc*) through; by

per-agere -ēgisse -āctum	to finish
per-currere -risse	to traverse
per-dere -didisse -ditum	to lose, waste; spoil
perfectum -ī n	perfect tense
perfectus -a -um	perfect
per-ferre -tulisse -lātum	to endure, undergo
per-ficere (-iō) -fēcisse -fectum	to finish, complete; accomplish
pergere perrēxisse	to continue
perīculōsus -a -um	dangerous
perīculum -ī n	danger
per-īre -iisse	to die, perish; vanish
peristȳlum -ī n	peristyle, part of a building enclosing the court-yard, surrounded by columns on the inside
perītus -a -um	expert, experienced
per-mittere -mīsisse -missum	to allow, permit
per-movēre -mōvisse -mōtum	to move deeply, excite
perpetuus -a -um	perpetual, neverending
per-sequī -secūtum esse	to pursue
persōna -ae f	character
persōnālis -e	personal
per-suādēre -suāsisse	(+ dat) to persuade
perterritus -a -um	frighten, terrified
per-turbāre -āvisse -ātum	to disturb, frighten
per-venīre -vēnisse -ventum	to arrive, reach
pēs pedis m	foot; 29.6 cm / 0.97 ft; metrical foot
pessimus -a -um	(sup) v. malus
petasus -ī m	hat with a broad brim
petere -īvisse -ītum	to seek; make for, go; fetch; to ask for
phantasma -atis n	ghost
pharetra -ae f	quiver
philosophus -ī m	philosopher
piger -gra -grum	lazy
pigēre -uisse	(impers) mē piget = it irks me, displeases me
pila -ae f	ball
pīlum -ī n	squared
pilus -ī m	heavy javelin
pingere pīnxisse pictum	to paint
pīpiāre	to pip, chirp
pīrāta -ae m	pirate
pirum -ī n	pear
piscātor -ōris m	fisherman
piscis -is m	fish
placēre -uisse -itum	(+ dat) to please: mihi placet = it pleases me
plānē adv	plainly, clearly; utterly, quite
plangere plānxisse plānctum	to beat the breast in mourning
plānus -a -um	obvious, plain
plaudere -sisse -sum	to clap; (+ dat) to applaud
plēnus -a -um	full, filled
plērīque plēraeque plēraque	most, very many
plērumque adv	mostly, generally
plōrāre -āvisse -ātum	to weep aloud, cry
pluere -uisse	(impers) pluit = it is raining
plumbum -ī n	lead
plūrālis -is m	plural
plūrēs -a	(comp) v. multī
plūrimī -ae -a	(sup) v. multī
plūs -ūris sg indēc. / pl. n	(comp) v. multum; more; plūris = of more value

plūsquamperfectum -ī *n*	pluperfect
pōculum -ī *n*	cup
poena -ae *f*	punishment, penalty
poēta -ae *m/f*	poet
poēticus -a -um	poetic
pollicērī -itum esse	to promise
pompa -ae *f*	parade
pōmum -ī *n*	fruit
pondus -eris *n*	weight
pōnere posuisse positum	to take off (of clothes); to place, put; to put down; *in mediō p.* = to share, demonstrate
pōns pontis *m*	bridge
populus -ī *m*	people, nation
porcus -ī *m*	pig
por-rigere -ēxisse -ēctum	to extend
porta -ae *f*	gate, entrance
portāre -āvisse -ātum	to carry
portus -ūs *m*	port, harbour
poscere poposcisse	to demand
positīvus -a -um	positivus
posse (possum) potuisse	to be able
possessīvus -a -um	possessive
pos-sidēre -sēdisse -sessum	to possess, to have
post	(*prp + acc*) after, behind; (*adv*) afterwards, later
post-eā *adv*	afterwards
posterior -ius	(*comp*) v. *post*; later, posterior
posterus -a -um	following, next
post-hāc *adv*	hereafter
post-quam *adv*	after, since
postrēmō *adv*	at last
postrēmus -a -um	last
postulāre -āvisse -ātum	to request, demand
pōtāre -āvisse -ātum	to drink (to excess)
potestās -ātis *f*	power; meaning
pōtiō -ōnis *f*	beverage, drink
potius *adv*	(*comp*) rather
prae	(*prp + abl*) before, in front of; in comparison with; on account of
praebēre -uisse -itum	to offer, furnish
praeceptiō -ōnis *f*	precept, injunction
praecipuē *adv*	especially
praeda -ae *f*	booty, spoils
praedium -ī *n*	farm, rustic estate
praedō -ōnis *m*	pirate, brigand
prae-esse -fuisse	(+ *dat*) to be in charge (of)
prae-ferre -tulisse -lātum	to prefer
praemium -ī *n*	prize, reward
prae-nōmen -inis *n*	first name
prae-pōnere -posuisse -positum	to put before; put in charge (of)
praepositiō -ōnis *f*	preposition
praesēns -entis *adi*	present; present in person
prae-stāre -stitisse	to fulfill, maintain
praeter	(*prp + acc*) except for; *praeter cēterōs* = beyond, above; *praeter castra fluit* = along, beside
praetereā *adv*	besides, moreover
praeteritum -ī *n*	past tense
praeteritus -a -um	past

prātum -ī *n*	meadow
prātulum -ī *n*	small meadow
prāvus -a -um	wrong, perverse
precārī -ātum esse	to pray
precēs -um *f*	prayers
prehendere -disse -ēnsum	to take hold of, seize
premere pressisse pressum	to press; oppress
pretiōsus -a -um	costly, expensive
pretium -ī *n*	price, cost
prīdem *adv*	a long time ago, previously
prī-diē *adv*	on the day before
prīmō *adv*	at first; firstly
prīmum *adv*	first, in the first place
prīmus -a -um	first
prīnceps -ipis *m*	chief; general
prīncipium -ī *n*	beginning
prior -ius	former, previous; front, in front
prīstinus -a -um	former, old
prius *adv*	former, previous
prius-quam *adv*	before
prīvātus -a -um	private
prō	(*prp + abl*) in place of; for
probāre -āvisse -ātum	to approve of
probitās -ātis *f*	virtue, probity
probus -a -um	good, virtuous
prō-cēdere -cessi -cessum	to go forward, proceed
procul *adv*	far from, far off
prō-cumbere -cubuisse	to prostrate oneself
prō-currere -currisse	to rush forward
prōd-esse prōfuisse	(+ *dat*) to be good for, to benefit
proelium -ī *n*	battle, combat
profectō *adv*	without question, undoubtedly
prō-ferre -tulisse -lātum	to bring forth; invent
proficīscī -fectum esse	to set out, depart
prō-gredī (-ior) -gressum esse	to march forwards; go on
pro-hibēre -uisse -itum	to hold back, prohibit; prevent
prō-icere (-iō) -iēcisse -iectum	to throw forth, fling down
prōmere -mpsisse -mptum	to bring forth, take out
prōmissum -ī *n*	promise
prō-mittere -mīsisse -missum	to promise
prō-nōmen -inis *n*	pronoun
prope	(*prp + acc*) near, nearby; (*adv*) nearly
properāre -āvisse -ātum	to hurry, rush
propinquus -a -um	near, neighbouring
proprietās -ātis *f*	ownership
proprius -a -um	proper; one's own
propter	(*prp + acc*) on account of, because of
propter-eā *adv*	therefore, on account of that
prō-silīre -uisse	to spring forth
prō-spicere (-iō) -spexisse -spectum	to see in front
prōtinus *adv*	forthwith, immediately
prōvincia -ae *f*	province
proximus -a -um	(*sup*) v. *prope*; nearest, next
prūdēns -entis	intelligent, prudent
prūdentia -ae *f*	prudence, practical understanding
prūnum -ī *n*	plum
pūblicus -a -um	public, common
pudendus -a -um	disgraceful; *partēs pudendae* = private parts of the body

31

pudēre -uisse	(*impers*) *mē pudet* = I am ashamed
pudor -ōris *m*	shame
puella -ae *f*	girl; sweetheart
puer -ī *m*	boy; servant boy
puerīlis -e	boyish
pugna -ae *f*	fight
pugnāre -āvisse -ātum	to fight
pugnus -ī *m*	fist
pulcher -chra -chrum	pretty, handsome
pulchritūdō -inis *f*	beauty
pullus -ī *m*	young animal
pulmō -ōnis *m*	lung
pulsāre -āvisse -ātum	to hit; knock
pūnīre -īvisse -ītum	to punish
puppis -is *f*	stern of a ship
purpura -ae *f*	purple
purpureus -a -um	purple
pūrus -a -um	pure, clean
putāre -āvisse -ātum	to think, suppose
quadrāgēsimus -a -um	fortieth
quadrāgintā	forty
quadringentēsimus -a -um	four-hundredth
quadringentī -ae -a	four hundred
quaerere -sīvisse -sītum	to seek, search for
quālis -e	what kind? what sort?
quālitās -ātis *f*	quality, nature
quam	*via Latīna nōn tam longa est quam via Appia* = as; *quam fōrmōsum est hoc mālum!* = how!; *quam celerrimē* = as fast as possible
quam-diū *adv*	as long as; how long
quam-ob-rem *adv*	why? for what reason?
quam-quam *adv*	although
quandō *adv*	when?; because
quantī -ae -a	how much (what price)
quantitās -ātis *f*	quantity
quantum -ī *n*	how much, (as much) as
quantus -a -um	how much, (as large) as
quā-propter *adv*	why
quā-rē *adv*	why
quārtus -a -um	fourth
quasi *adv*	as, like, as if
quater	four times
quatere (-iō)	to shake
quaternī -ae -a	four each
quattuor	four
quattuor-decim	fourteen
-que	and
quercus -ūs *f*	oak, oak-tree
querī questum esse	to complain, grumble
quī quae quod	who, which, he/she who, that which
quī quae quod (...?)	what, which
quia	because
quid? *adv*	what? why?
quī-dam quaedam quoddam	a certain one
quidem	indeed; *nē ... quidem* = not even...
quid-nam	whatever
quidnī	why not, do... !
quid-quam	anything

quid-quid	whatever
quiēscere -ēvisse	to rest
quiētus -a -um	tranquil; quiet
quīn?	why not?
quīn-decim	fifteen
quīngentēsimus -a -um	five-hundredth
quīngentī -ae -a	five hundred
quīnī -ae -a	five each
quīnquāgēsimus -a -um	fiftieth
quīnquāgintā	fifty
quīnque	five
quīnquiēs *adv*	five times
Quīntīlis -is *m*	July
quīntus -a -um	fifth
quis quae quid	who, what
quis qua quid (sī/num/nē q.)	(After *sī/num/nē*) = *aliquis, aliquae, aliquid*
quis-nam	who ever?
quis-quam quid-	anyone
quis-que quae- quod-	each
quis-quis	whoever, anyone who
quō *adv*	where (to)
quod	because
quō-modo *adv*	how
quoniam	because
quoque *adv* / *coni*	also, too
quot *indēcl*	how many? how many! as many
quot-annīs *adv*	every year
quotiēs *adv*	how many times
radiāre	to beam, shine
rādīx -īcis *f*	root
rāmus -ī *m*	branch
rāna -ae *f*	frog
rapere (-iō) -uisse -raptum	to snatch; carry off
rapidus -a -um	swift, rapid
rārō *adv*	rarely
rārus -a -um	rare; few
ratiō -ōnis *f*	reason
ratiōnālis -e	rational, reasonable
ratis -is *f*	raft
re-cēdere -cessisse -cessum	to go back, retire
recēnsiō -ōnis *f*	review
re-cipere (-iō) -cēpisse -ceptum	to receive, admit
recitāre -āvisse -ātum	to recite
re-cognōscere -gnōvisse -gnitum	to recognize
rēctē *adv*	correctly
rēctus -a -um	straight, correct
re-cumbere -cubuisse	to lie down
red-dere -didisse -ditum	to return; render
red-imere -ēmisse -ēmptum	to buy back; rescue
red-īre -iisse -itum	to return, come back
re-dūcere -dūxisse -ductum	to lead back, bring back
re-ferre rettulisse re-lātum	to return, carry back; render an account, tell
reflexīvus -a -um	reflexive
re-fovēre	to warm again, revive
re-fugere -fūgisse -fugitum	to shrink back, recoil from
rēgālis -e	regal, royal
regere rēxisse rēctum	to guide, conduct; rule, govern
rēgia -ae *f*	palace
rēgīna -ae *f*	queen

regiō -ōnis *f*	region
rēgnāre -āvisse -ātum	to rule, reign
rēgnum -ī *n*	kingdom
rēgula -ae *f*	rule, principle
rē-icere (-iō) -iēcisse -iectum	to reject, refuse
relātīvus -a -um	relative
re-linquere -līquisse -lictum	to leave behind
reliquus -a -um	remainder
re-manēre -mānsisse -mānsum	to remain
rēmigāre -āvisse -ātum	to row
re-mīniscī	(+ *gen/acc*) to recollect
re-mittere -mīsisse -missum	to send back
re-movēre -mōvisse -mōtum	to remove
rēmus -ī *m*	oar
re-pellere reppulisse -pulsum	to repel
repente *adv*	suddenly
re-percutere (-iō)	to bounce back
reperīre repperisse repertum	to find
re-petere -īvisse/-iisse -ītum	to head back to
re-plēre -isse -tum	to fill up
re-pōnere -posuisse -positum	to replace
re-prehendere -prehendisse -prehēnsum	to reprehend, censure
re-pugnāre -āvisse -ātum	to fight back
repulsa -ae *f*	rejection
re-quiēscere -ēvisse -ētum	to rest
re-quīrere -quīsīvisse -quīsītum	to seek, ask
rēs reī *f*	matter, affair
rēs gestae, rērum gestārum *f pl*	deeds, history
rēs pūblica, reī pūblicae *f*	republic
re-servāre -āvisse -ātum	to preserve, keep back
re-sistere -stitisse	to stop; (+ *dat*) to resist
re-sonāre -uisse/-āvisse	to resound
re-spicere (-iō) -spexisse -spectum	to look back
re-spondēre -spondisse -spōnsum	to reply, respond
respōnsum -ī *n*	reponse
re-stāre -stitisse	to remain, be left
re-supīnus -a -um	supine, lying flat
rēte -is *n*	net
re-tinēre -tinuisse -tentum	to hold back
re-trahere -trāxisse -tractum	to pull back, bring back
retrō *adv*	backwards, back
re-venīre -vēnisse -ventum	to come back
re-vertī -tisse/-sum esse	to return, come back
re-vocāre -āvisse -ātum	to call back, revoke
rēx rēgis *m*	king
rīdēre -sisse -sum	to laugh; deride, laugh at
rīdiculus -a -um	ridiculous
rigāre -āvisse -ātum	to irrigate
rigidus -a -um	hard, stiff
rīma -ae *f*	crack
rīpa -ae *f*	bank, shore
rīsus -ūs *m*	laugh
rīvus -ī *m*	brook
rogāre -āvisse -ātum	to ask, ask for
rogitāre -āvisse -ātum	to ask (repeatedly)
rogus -ī *m*	funeral-pyre
rosa -ae *f*	rose
rōstrum -ī *n*	beak
rota -ae *f*	wheel
rrr / rrrr	grrr (growling)

ruber -bra -brum	red
rubēre -uisse	to be red, become red
rubēscere	to grow red, blush
rubor -ōris *m*	the color red
rudis -e	crude, rude
ruere ruisse	to collapse, fall, go to ruin
rūmor -ōris *m*	rumor
rumpere rūpisse ruptum	to break
rūrsus	again
rūs rūris	the country; *rūrī* (*loc*)
rūsticus -a -um	rural, rustic
sacculus -ī *m*	little bag
saccus -ī *m*	bag
sacer -cra -crum	sacred, holy
sacerdōs -ōtis *m/f*	priest
sacrificāre -āvisse -ātum	to sacrifice
saeculum -ī *n*	century, generation
saepe *adv*	often
saevus -a -um	fierce, cruel
sagitta -ae *f*	arrow
sāl salis *m*	salt
salīre saluisse	to jump
saltāre -āvisse -ātum	to dance
saltem *adv*	at least
salūs -ūtis *f*	health; *salūtem dīcere* = to greet
salūtāre -āvisse -ātum	to greet
salvāre -āvisse -ātum	to save
salvē -ēte	hello, good morning; good day
salvēre iubēre	to say hello, greet
salvus -a -um	safe, unharmed
sānāre -āvisse -ātum	to heal, cure
sānē *adv*	certainly, quite
sanguis -inis *m*	blood; *sanguinem mittere* = to let blood
sānus -a -um	healthy, well
sapere (-iō) -iisse	to be wise, have sense
sapiēns -entis	wise
satis *n indēcl* / *adv*	enough, rather
saxum -ī *n*	rock
scaena -ae *f*	scene, stage
scaenicus -a -um	theatrical
scālae -ārum *f pl*	stairs
scalpellum -ī *n*	scalpel, surgical knife
scamnum -ī *n*	stool
scelestus -a -um	criminal, wicked
scelus -eris *n*	crime
scēptrum -ī *n*	sceptre
scī-licet *adv*	of course; obviously
scindere -idisse -issum	to tear, tear up
scintilla -ae *f*	spark
scīre -īvisse/-iisse -ītum	to know
scrība -ae *m*	scribe
scrībere -psisse -ptum	to write
scūtum -ī *n*	shield
sē sibi	himself
secāre -uisse sectum	to cut
sē-cēdere -cessisse -cessum	to depart, withdraw
sēcum	v. *sē*
secundum	(*prp* + *acc*) along
secundus -a -um	second; favorable

sed *coni*	but
sēdāre -āvisse -ātum	to calm down; allay
sē-decim	sixteen
sedēre sēdisse	to sit
sē-ligere -lēgisse -lēctum	to select, choose
sella -ae *f*	seat, chair
semel *adv*	once, one time
sēmen -inis *n*	seed
sēmi-deus -ī *m*	half-god
semper *adv*	always
senātor -ōris *m*	senator
senex senis *m*	old man
sēnī - ae -a	six each
sententia -ae *f*	opinion; sentence
sentīre sēnsisse sēnsum	to feel, sense, think
sē-parāre	to separate
septem	seven
September -bris *m*	September
septen-decim	seventeen
septentriōnēs -um *m pl*	north
septimus -a -um	seventh
septingentēsimus -a -um	seven-hundredth
septingentī -ae -a	seven hundred
septuāgēsimus -a -um	seventieth
septuāgintā	seventy
sepulcrum -ī *n*	tomb
sequī secūtum esse	to follow
serēnus -a -um	clear, cloudless
serere sēvisse satum	to plant
sērius -a -um	later
sermō -ōnis *m*	talk, conversation
serpyllum -ī *n*	snake
sertum -ī *n*	wreaths of flowers, garlands
servāre -āvisse -ātum	to preserve, save
servīre -īvisse/-iisse -ītum	(+ *dat*) to be a slave (to), to serve
servitūs -ūtis *f*	slavery
servus -ī *m*	slave, servant
sescentēsimus -a -um	six-hundredth
sescentī -ae -a	six hundred
sē-sē	v. *sē*
sēstertius -ī *m*	sesterce (coin)
seu	v. *sī-ve/seu*
sevērus -a -um	stern, severe
sex	six
sexāgēsimus -a-um	sixty
sexāgintā	sixty
sexiēs	six each
Sextīlis -is *m*	August
sextus -a -um	sixth
sī	if
sibi	v. *sē*
sīc	in this way, so, thus; yes
siccāre -āvisse -ātum	to dry
siccus -a -um	dry
sīc-ut/-utī	just as, as
sīdus -eris *n*	star
signāre -āvisse -ātum	to mark, seal
significāre -āvisse -ātum	to indicate, mean
significātiō -ōnis *f*	meaning
signum -ī *n*	sign, seal, statue

silentium -ī *n*	silence
silēre -uisse	to be silent
silva -ae *f*	wood, forest
similis -e	similar, like; (+ *dat*) similar to
simul *adv*	together, at the same time; *simul atque* (+ *perf*) = as soon as
simulāre -āvisse -ātum	to make similar; to pretend
sīn *adv*	but if
sine	(*prp* + *abl*) without
sinere sīvisse situm	to let, allow
singulāris -is *m*	singular
singulī -ae -a	one each, each
sinister -tra -trum	left
sinistra -ae *f*	left hand
sinus -ūs *m*	fold (of toga)
sī-quidem	seeing that, since
sitīre -īvisse/-iisse -ītum	to thirst, be thirsty
sitis -is *f, acc* sitim	thirst
situs -a -um	situated
sī-ve / seu	or, or if; *sīve ... sīve / seu ... seu* = whether ... or
socius -ī *m*	companion, partner
sōl -is *m*	sun
solēre solitum esse	to be accustomed
solitus -a -um	usual, accustomed
solium -ī *n*	throne
solum -ī *n*	floor, ground, soil
sōlum *adv*	only
sōlus -a -um	alone, lonely
solvere -visse -lūtum	to untie, discharge, pay; *nāvem solvere* = to cast off, set sail
somnium -ī *n*	dream
somnus -ī *m*	sleep
sonāre -uisse	to sound, make a sound
sonus -ī *m*	sound, noise
sordēs -ium *f pl*	dirt
sordidus -a -um	dirty, mean, base
soror -ōris *f*	sister
sors -rtis *f*	lot
spargere -sisse -sum	to scatter
speciēs -ēī *f*	appearance, aspect, sort
spectāre -āvisse -ātum	to watch, look at
spectātor -ōris *m*	spectator
speculum -ī *n*	mirror
spēlunca -ae *f*	cave
spērāre -āvisse -ātum	to hope
spernere sprēvisse sprētum	to despise, spurn
spēs -eī *f*	hope
spīca -ae *f*	ear or spike of corn
spīceus -a -um	consisting of ears of corn
spīrāre -āvisse -ātum	to breathe
splendidus -a -um	bright, shining
splendor -ōris *m*	sheen, lustre, splendor
spondēus -ī *m*	spondee, metrical foot consisting of two long syllables
st / ssst	shh!
stabulum -ī *n*	stable, cottage
stāmen -inis *n*	thread
stāre stetisse	to stand

statim *adv*	immediately
statua -ae *f*	statue
statuere -uisse -ūtum	to fix, determine
stēlla -ae *f*	star
sternere strāvisse strātum	to spread, spread out
stilus -ī *m*	stylus
stimulus -ī *m*	goad
stipendium -ī *n*	soldier's pay, service; *s. merēre* = to do military service
strēnuus -a -um	vigorous, strenuous
strepitus -ūs *m*	noise, din
studēre -uisse	(+ *dat*) to devote oneself to
studiōsus -a -um	(+ *gen*) interested (in)
studium -ī *n*	interest, zeal, study
stultitia -ae *f*	stupidity
stultus -a -um	foolish, stupid
stupēre -uisse	to be aghast
suādēre -sisse -sum	(+ *dat*) to advise
suāvis -e	delightful, pleasant
sub	(*prp* + *abl/acc*) under
sub-īre (-eō) -iisse -itum	to go under, undergo
subitō *adv*	suddenly
subitus -a -um	sudden
sub-mergere -sisse -sum	to sink
sub-mittere -mīsisse -missum	to send up
substantīvus -a -um	substantive
sub-urbānus -a -um	near the city
sūcus -ī *m*	vital fluid, juice
sūdor -ōris *m*	sweat
sūmere -mpsisse -mptum	to take; eat; take up
summus -a -um	highest, greatest
super	(*prp* + *acc*) over; (+ *abl*) about
superāre -āvisse -ātum	to overcome
superbia -ae *f*	pride
superbus -a -um	proud, haughty
super-esse -fuisse	to be left, be in excess
superī -ōrum *m pl*	the living
superior -ius	(*comp*) higher, upper, superior
superlātīvus -ī *m*	superlative
superus -a -um	above, celestial
supīnum -ī *n*	supine
supīnus -a -um	supine, lying on one's back
supplicium -ī *n*	(capital) punishment
suprā	(*prp* + *acc*) above; (*adv*) above
surdus -a -um	deaf
surgere surrēxisse	to rise, get up
sur-ripere (-iō) -ripuisse -reptum	to steal
sūrsum *adv*	up, upward
sus-citāre -āvisse -ātum	to wake up, rouse
sus-pendere -pendisse -pēnsum	to hang
su-spicere (-iō) -spexisse -spectum	to look up (at)
sus-tinēre -tinuisse -tentum	to support, sustain, endure
suus -a -um	his/her/their (own)
syllaba -ae *f*	syllable
synōnymum -ī *n*	synonym
tabella -ae *f*	small writing-tablet
tabellārius -ī *m*	letter-carrier
taberna -ae *f*	shop, stall

tabernāculum -ī *n*	tent
tabernārius -ī *m*	shopkeeper
tabula -ae *f*	writing-tablet
tacēre -uisse	to be silent
tacitus -a -um	silent
taeda -ae *f*	torch, marriage torch
taedēre taeduisse taesum esse	(*impers + gen*) to disgust, offend; *mē taedet* = it disgusts/bores me
taedium -ī *n*	weariness, disgust, boredom
talentum -ī *n*	talent, a Greek coin
tālis -e	such
tam *adv*	so, as
tam-diū *adv*	so long, as long
tamen *adv*	nevertheless, yet
tam-quam *adv*	as, like
tandem *adv*	finally, at last; (+ *imp*) already
tangere tetigisse tāctum	to touch
tantum *adv*	only
tantum -ī *n*	so much; *alterum tantum* = twice as much
tantun-dem *adv*	just as much
tantus -a -um	so big, so great
tardus -a -um	slow, late
tata -ae *m*	daddy
taurus -ī *m*	bull
tē tēcum	v. *tū*
tēctum -ī *n*	roof; house
tegere tēxisse tēctum	to cover
tēlum -ī *n*	weapon, missile
temerārius -a -um	reckless
tēmō -ōnis *m*	pole (of a carriage or plough)
tempestās -ātis *f*	storm
templum -ī *n*	temple
tempus -oris *n*	time; *t. annī* = season
tenebrae -ārum *f pl*	darkness
tenebricōsus -a -um	dark
tenēre -uisse -tum	to hold, keep (back)
tenuis -e	thin
ter	three times
tergēre -sisse -sum	to wipe
tergum -ī *n*	back
terminātiō -ōnis *f*	termination, ending of a word
ternī -ae -a	three each
terra -ae *f*	earth, ground, country
terrēre -uisse -itum	to frighten
terribilis -e	terrible
tertius -a -um	third
testis -is *m/f*	witness
texere -uisse -xtum	to weave
theātrum -ī *n*	theater
thema -atis *n*	root or stem of a word; theme
tibi	v. *tū*
tībiae -ārum *f pl*	flute
tībīcen -cinis *m*	flute-player
timēre -uisse	to fear, to be afraid (of)
timidus -a -um	fearful, timid
timor -ōris *m*	fear
titulus -ī *m*	title
toga -ae *f*	toga
togātus -a -um	wearing the toga

tollere sustulisse sublātum	to raise, lift, pick up; remove, take away, get rid of
tonitrus -ūs *m*	thunder
tormentum -ī *n*	instrument of torture, a rack
torus -ī *m*	couch, sofa, bed
tot *indēcl*	so many
tot-idem *indecl*	just so many, just as many
totiēs *adv*	so many times
tōtus -a -um	the whole of, all
trā-dere -didisse -ditum	to hand over, deliver
trahere trāxisse tractum	to pull, drag
trā-icere (-iō) -iēcisse -iectum	to strike through, pierce
tranquillitās -ātis *f*	calmness
tranquillus -a -um	calm, still
trāns	(*prp + acc*) across
trāns-ferre -tulisse trāns-/trā-latum	to transfer, transport
trāns-fīgere -fīxisse fīxum	to thrust through, to pierce
trāns-īre -iisse	to cross, pass
trecentēsimus -a -um	three-hundredth
tre-centī -ae -a	three hundred
trē-decim	thirteen
tremere -uisse	to tremble
trēs tria	three
trīcēsimus -a -um	thirtieth
triclīnium -ī *n*	dining-room
tridēns -entis *m*	trident
trīgintā	thirty
trīnī -ae -a	three
trīstis -e	sad
trīstitia -ae *f*	sadness
trochaeus -ī *m*	trochee, metrical foot of two syllables, a long and a short
truncus -a -um	trunk
tū tē tibi tē-cum	you, yourself
tuba -ae *f*	trumpet, war-trumpet
tuērī tūtum esse	to guard, protect
tum	then
tumultuārī -ātum esse	to make an uproar
tumultus -ūs *m*	uproar
tunc *adv*	then
tunica -ae *f*	tunic
turba -ae *f*	throng, crowd
turbāre -āvisse -ātum	to stir up, agitate
turbidus -a -um	agitated, stormy
turgidulus -a -um	slightly swollen
turgidus -a -um	swollen
turpis -e	ugly, foul
Tūsculānus -a -um	Tusculum, an ancient town of Latium
tūtus -a -um	safe
tuus -a -um	your, yours
tuxtax *interi*	Pow! (exclamation imitative of the sound of blows)
typographeum -ī *n*	press, printing shop
tyrannus -ī *m*	tyrant
ubi *adv*	where; *ubi prīmum* (+ *perf*) = as soon as
ubī-que *adv*	everywhere
uhū *interi*	oow, oww, woo (sound of wolf howling)

uhuhū	wah-wah (sound of crying)
ūllus -a -um	any
ulmus -ī *f*	elm-tree
ulterior -ius	(*comp*) < *ultrā*; farther, more distant
ultimum *adv*	lastly, at last
ultimus -a -um	most distant, last
ultrā	(*prp* + *acc*) beyond; *adv* more, beyond
ultrō *adv*	on one's own accord, spontaneously, voluntarily
ululāre -āvisse -ātum	to howl
ululātus -ūs *m*	howling
umbra -ae *f*	shade, shadow
ūmēns -entis *adi*	wet, damp
umerus -ī *m*	shoulder
ūmidus -a -um	wet, moist
umquam *adv*	ever; *neque umquam* = never
ūnā *adv*	together
unda -ae *f*	wave
unde *adv*	from where
ūn-dē-centum	ninety-nine
ūn-decim	eleven
ūn-decimus -a -um	eleventh
ūn-dē-quadrāgintā	thirty-ninth
ūn-dē-trīgintā	twenty-nine
ūn-dē-vīgintī	nineteen
undique *adv*	from all sides, on all sides
unguis -is *m*	talon, nail
ūnicus -a -um	one and only, sole
ūniversus -a -um	the whole of, entire
ūnus -a -um	one; only; some one
urbānus -a -um	of the city, urban
urbs -bis *f*	city
ūrere ussisse ustum	to burn
ursa -ae *m*	female bear; the constellations ursa major and minor
ursus -ī *m*	bear
ūsque *adv*	up (to), all the time, all the way (to)
ūsus -ūs *m*	use, usage
ut/utī *adv* / *coni*	like, as, just as; (+ *coni*) that, in order that, to
uter -tra -trum	which of the two
uter-que utra- utrum-	each of the two, both
ūtī ūsum esse	to use, enjoy
ūtilis -e	useful
utinam *adv*	I wish that, if only...!, would that...!
utrum... an *adv*	whether ... or; ... or
uuu / uuuū *interi*	ooo (sound of howling)
ūva -ae *f*	grape
uxor -ōris *f*	wife
vā *interi*	wah (sound of a crying baby)
vacca -ae *f*	cow
vacuus -a -um	empty
vagārī -ātum esse	to roam, rove
vāgīna -ae *f*	sheath
vāgīre -īvisse/-iisse -ītum	to wail, squall
valdē *adv*	very (much), strongly
valē -ēte	farewell, goodbye

valēre -uisse	to fare well, be strong, be well
valētūdō -inis *f*	health
validus -a -um	strong
vallis -is *f*	valley
vāllum -ī *n*	rampart
vapor -ōris *m*	steam
varius -a -um	varied, different
vās vāsis *n, pl* vāsa -ōrum	vessel, bowl
vāstāre -āvisse -ātum	to destroy
vātēs -is *m/f*	prophet
-ve	v. *vel*
vehemēns -entis	vehement
vehere vēxisse vectum	to carry, convey; (*pass*) ride, sail, travel
vel / -ve	or
velle (volō) voluisse	to want, be willing
vellus -eris *n*	fleece
vēlōx -ōcis	fast
vēlōciter *adv*	fast, quickly
vēlum -ī *n*	sail
vel-ut *adv*	like, as
vēna -ae *f*	vein
vēnārī -ātum esse	to hunt
vēn-dere -idisse -itum	to sell
venēnum -ī *n*	poison
venia -ae *f*	pardon
venīre vēnisse ventum	to come
venter -tris *m*	belly, stomach
ventus -ī *m*	wind
venustus -a -um	pretty, charming
vēr -is *n*	spring
verbera -um *n pl*	lashes, flogging
verberāre -āvisse -ātum	to beat, flog
verbum -ī *n*	word; *v. temporāle* = verb
verērī -itum esse	to fear
vērō *coni*	but, but really
versārī -ātum esse	to move about; be present
versiculus -ī *m*	short verse
versus -ūs *m*	line of text; verse of poetry
versus *adv*	*ad... v.* = toward
vertere -tisse -sum	to turn; revolve; *vertere in* (+ *acc*) = to turn or change into
vērum -ī *n*	truth
vērum *coni*	but
vērus -a -um	true, real
vesper -erī *m*	evening
vasperī *adv*	in the evening
vester -tra-trum	your, yours (*pl*)
vestīgium -ī *n*	footprint, trace
vestīmentum -ī *n*	garment, clothing
vestīre -īvisse/-iisse -ītum	to dress
vestis -is *f*	clothes, cloth
vestrum	*gen < vōs*, v. *vōs*
vetāre -uisse -itum	to forbid, prohibit
vetus -eris	old
via -ae *f*	road, way, street
vīcēsimus -a -um	twentieth
vīcīnus -a -um	neighbor
victor -ōris *m*	winner, victor
victōria -ae *f*	victory

vidēre vīdisse vīsum	to see; (*pass*) to seem
vigilāre -āvisse -ātum	to be aware
vigilia -ae *f*	night watch (I - IV)
vīgintī	twenty
vīlis -e	cheap
vīlla -ae *f*	country house, villa
vincīre vīnxisse vīnctum	to tie
vīnea -ae *f*	vineyard
vīnum -ī *n*	wine
viola -ae *f*	violet
vir -ī *m*	man; husband
vīrēs -ium *f*	v. *vīs*
virga -ae *f*	rod
virgō -inis *f*	maiden, young girl
viridis -e	green
virtūs -ūtis *f*	valor, courage
vīs *f, acc* vim, *abl* vī	power, force, violence; (*pl*) strength
viscera -um *n*	guts, internal organs
vīsere -sisse -sum	to go and see, visit
vīta -ae *f*	life
vītāre -āvisse -ātum	to avoid
vītis -is *f*	vine
vīvere vīxisse	to live, be alive
vīvus -a -um	living
vix	hardly
vōbīs vōbīs-cum	v. *vōs*
vocābulum -ī *n*	word
vōcālis -is *f*	vowel
vocāre -āvisse -ātum	to call, invite
vocātīvus -ī *m*	vocative
volāre -āvisse -ātum	to fly
volucris -is *f*	bird, any winged animal
voluntās -ātis *f*	will
volvere volvisse volūtum	to turn about, roll around
vorāgō -inis *f*	abyss, whirlpool
vorāre -āvisse -ātum	to swallow, devour
vōs vōbīs vōbīscum	you, yourselves (*pl*)
vōtum -ī *n*	wish, desire, prayer
vōx vōcis *f*	voice
vulgāris -e	common, vulgar
vulnerāre -āvisse -ātum	to wound
vulnus -eris *n*	wound
vultus -ūs *m*	countenance, face
zephyrus -ī *m*	west wind, gentle wind